Οδηγός συγγραφής μιας επιστημονικής εργασίας με προτάσεις για υποσημειώσεις και βιβλιογραφικές παραπομπές

Κατασκευή Εξωφύλλου: Εκδόσεις Μέθεξις
Επιμ. Έκδοσης: Εκδόσεις Μέθεξις

© Copyright Εκδόσεις Μέθεξις 2014
Κεραμοπούλου 5, Θεσσαλονίκη ΤΚ 546 22
Τηλ. - Fax: 2310-278301
e-mail: info@metheksis.gr
www.metheksis.gr

ISBN: 978-960-6796-66-1

Απαγορεύεται η ολική, μερική ή περιληπτική αναδημοσίευση, αναπαραγωγή ή διασκευή του περιεχομένου του παρόντος βιβλίου με οποιονδήποτε τρόπο χωρίς γραπτή άδεια του εκδότη.

Αριθμός Έκδοσης: 74

Ελένη Δ. Κατή

Οδηγός συγγραφής μιας επιστημονικής εργασίας
με προτάσεις για υποσημειώσεις
και βιβλιογραφικές παραπομπές

Θεσσαλονίκη 2014

Περιεχόμενα

Εισαγωγικές παρατηρήσεις   9

Α. Οδηγός συγγραφής μιας εργασίας   15
1. Έρευνα κι εκλογή θέματος   15
2. Αναζήτηση βιβλιογραφίας   19
3. Αποδελτίωση   22
4. Επεξεργασία υλικού   28
5. Σχεδιασμός   31
6. Συγγραφή   33
7. Κατανομή υλικού   41

Β. Προτάσεις για υποσημειώσεις και βιβλιογραφικές παραπομπές   55
1. Υποσημειώσεις   58
2. Βιβλιογραφικές παραπομπές   62

Γ. Τεχνογραφία   71
1. Παραπομπή σε αυτοτελές βιβλίο (μονογραφία)   73
2. Παραπομπή σε βιβλίο μεταφρασμένο   79
3. Παραπομπή σε βιβλίο δημοσιευμένο σε ηλεκτρονική μορφή   80
4. Παραπομπή σε βιβλίο που ανήκει σε σειρά   80
5. Παραπομπή σ' εκδόσεις κειμένων   81
6. Παραπομπή σε δίτομα/πολύτομα έργα   83

7. Παραπομπή σε άρθρα περιοδικών 85
8. Παραπομπή σε περιοδικό στο διαδίκτυο 88
9. Παραπομπή σ' εφημερίδες 89
10. Παραπομπή σε σύμμικτους ή συλλογικούς τόμους 90
11. Παραπομπή σε τόμους πρακτικών 91
12. Παραπομπή σε λήμματα εγκυκλοπαιδειών και λεξικών 92
13. Παραπομπή σε εγκυκλοπαίδεια στο διαδίκτυο 94
14. Άλλες συντομογραφίες 94
Επίλογος 99

Βιβλιογραφία 103

Εισαγωγικές παρατηρήσεις

Κατά τη διάρκεια των προπτυχιακών σπουδών, ένας φοιτητής θα κληθεί, ενδεχομένως, να συντάξει κάποιες εργασίες, οι οποίες μπορεί να είναι προαιρετικές και συνήθως απλές και εύκολα μπορεί να τις περατώσει. Ακόμη και όταν η υποβολή εργασίας είναι προαπαιτούμενο για τη λήψη του πτυχίου, τα πράγματα δεν παρουσιάζουν μεγάλες δυσκολίες. Όμως, αν κάποιος συνεχίσει τις σπουδές του σε μεταπτυχιακό επίπεδο, τότε η εκπόνηση εργασιών αποτελεί αυτονόητο καθήκον και βέβαια για τη λήψη του διπλώματος ειδίκευσης είναι υποχρεωμένος να καταθέσει, μέσα σε ορισμένο χρόνο, μια εργασία, η οποία θα απαιτεί έρευνα και θα πρέπει να ακολουθεί ορισμένες προδιαγραφές ώστε να μπορεί να χαρακτηριστεί επιστημονική. Αυτό ισχύει σε πολύ μεγαλύτερο βαθμό για την εκπόνηση μιας διδακτορικής διατριβής.

Ελένη Κατή

Οι απαιτήσεις μιας επιστημονικής εργασίας καθορίζονται από ένα σύνολο παραγόντων ανάλογα με το γνωστικό αντικείμενο, αλλά κυρίως από τις απαιτήσεις του διδάσκοντα ή του επιβλέποντα καθηγητή και σε συνδυασμό με τη διάθεση και τις ικανότητες του φοιτητή.

Πράγματι, φαίνεται πως τα ζητήματα που αντιμετωπίζει ο κάθε φοιτητής είναι πολλά, σύνθετα αλλά και πρωτόγνωρα. Ξεκινούν από τις γνώσεις, τη βούληση και τις απαιτήσεις του καθηγητή που αναθέτει την εργασία, συνεχίζονται με την ανασφάλεια, τις απορίες και την πολύπλοκη συναισθηματική κατάσταση στην οποία περιέρχεται ο φοιτητής και καταλήγουν στα προβλήματα (συνήθως χρόνου και διάθεσης), που αναδύονται κατά τη συνεργασία τους.

Πώς μπορεί όμως κάποιος, σχετικά ή εντελώς άπειρος, να εκπονήσει μια επιστημονική εργασία είτε αυτή είναι διπλωματική είτε διδακτορική διατριβή, η οποία να έχει και τα γνωρίσματα του επιστημονικού λόγου και τα χαρακτηριστικά του επιστημονικού τρόπου;

Υπάρχει μια εξαιρετικά εκτεταμένη σχετική βιβλιογραφία, μέσα στην οποία περιλαμβάνεται μια σειρά από ενδιαφέρουσες προτάσεις που επικεντρώνονται συνήθως σε ειδικά ζητήματα, όσα οι συγγραφείς κρίνουν απαραίτητα, προκειμένου να καθοδηγήσουν τους φοιτητές στην επιτυχή ολοκλήρωση μιας εργασίας. Με άλλα λόγια, τα βιβλία που έχουν γραφεί προκειμένου να υποστηρίξουν αυτήν τη διαδικασία είναι ως επί το πλείστον «οδηγοί», οι οποίοι περιέχουν ένα σύνολο από προδιαγραφές και κανόνες, που ο φοιτητής είναι υποχρεωμένος να τηρήσει.

Θα αναρωτηθεί κανείς: επομένως, γιατί ήταν ανάγκη να δημιουργηθεί ένας ακόμη «οδηγός» για τη συγγραφή μιας εργασίας; Τι καινούργιο έχει να προσθέσει;

Ασφαλώς, ο συγκεκριμένος *οδηγός* δεν έρχεται να προσθέσει κάτι νέο στο ενδιαφέρον, αλλά και πολυσυζητημένο, ζήτημα της σύνταξης των επιστημονικών εργασιών και οπωσδήποτε στις προθέσεις μας δεν είναι να εξετάσουμε τη σύνταξη μιας επιστημονικής εργασίας από τη σκοπιά της ψυχολογικής προσέγγισης του ζητήματος ούτε να αναλύσουμε τη συναισθηματική κατάσταση του φοιτητή και τις φάσεις επικοινωνίας με τον επιβλέποντα καθηγητή· άλλωστε, έχουν γραφεί πολλά για αυτά τα θέματα.

Με τη σύνταξη του συγκεκριμένου *οδηγού* επιδιώκουμε τη δημιουργία ενός κυριολεκτικά χρηστικού εργαλείου για τον μελλοντικό ερευνητή, που θα καταπιαστεί με τη συγγραφή μιας επιστημονικής εργασίας. Για το σκοπό αυτό, προσπαθήσαμε να συντάξουμε τον *οδηγό* με τρόπο ώστε να είναι κατά το μέγιστο δυνατόν κατανοητός, εύχρηστος, συνοπτικός και συγχρόνως περιεκτικός για να καταστεί κι αποτελεσματικός.

Επιθυμώντας να παρουσιάσουμε συμπυκνωμένα και ταυτόχρονα σφαιρικά το ζήτημα της συγγραφής εργασιών και προκειμένου να προσφέρουμε ένα ολοκληρωμένο «πακέτο», θεωρήσαμε ότι θα πρέπει ο *οδηγός* να περιλαμβάνει προτάσεις τόσο για τη συγγραφή όσο και για τις υποσημειώσεις. Όμως, επειδή το θέμα των υποσημειώσεων και ειδικότερα των βιβλιογραφικών παραπομπών είναι παρεξηγημένο από αρκετούς φοιτητές, οι οποίοι τις θεωρούν πάρεργο ή ενδεχομένως και περιττές ή βαρετές ή δεν τις καταλαβαίνουν, με αποτέλεσμα να μην είναι και οι ίδιοι σε θέση να συντάξουν μια σωστή παραπομπή, για αυτό επιχειρούμε να συνδράμουμε τους αναγνώστες του *οδηγού* πρώτα να αντιληφθούν τη σημασία και τη χρησιμότητα των παραπομπών και έπειτα να αποκτήσουν τη δυνατότητα της ορθής παράθεσής τους. Εδώ, λοιπόν, θα μας απασχολήσει η σύνταξη μιας επιστημονικής εργασίας ως προς τα διάφορα στάδια μέχρι την ολοκλήρωσή της, αλλά και ως προς την τεχνογραφία της.

Στο πρώτο μέρος του *οδηγού* εκθέτουμε, αρκετά συμπυκνωμένα, τα επιμέρους στάδια, τα «βήματα» προς τη συγγραφή και επιχειρούμε να δώσουμε ορισμένες κατευθύνσεις. Στο δεύτερο μέρος, εξηγούμε τι είναι οι υποσημειώσεις και οι βιβλιογραφικές παραπομπές, διευκρινίζουμε ποια είναι η χρησιμότητά τους και παρουσιάζουμε ορισμένες προτάσεις για αυτές. Στο τρίτο μέρος, ομαδοποιούμε τις περιπτώσεις που αφορούν στην τεχνογραφία των βιβλιογραφικών παραπομπών, παρουσιάζουμε παραδείγματα για κάθε περίπτωση και προτείνουμε ενδεδειγμένους τρόπους παράθεσης των βιβλιογραφικών στοιχείων.

Ευελπιστούμε αυτός ο οδηγός να αποδειχθεί «οδηγός» με την κυριολεκτική σημασία της λέξης και να αποτελέσει ένα αναπόσπαστο εργαλείο δουλειάς για τον επίδοξο ερευνητή, που θα θελήσει να παρουσιάσει τους κόπους της μελέτης του μέσα σε μια επιστημονική εργασία.

Α. Οδηγός συγγραφής μιας εργασίας

Η συγγραφή μιας μελέτης είναι από τις πιο συνηθισμένες μορφές εργασίας στο επίπεδο των ανώτερων σπουδών. Εδώ, θα αναφερθούμε σε έναν αποτελεσματικό τρόπο με τον οποίο μπορεί να εργαστεί κανείς στα διαδοχικά στάδια της πορείας για την προετοιμασία της συγγραφής μέχρι την ολοκλήρωσή της. Θα ασχοληθούμε με τη συστηματική προσπάθεια για την αναζήτηση ενός ειδικού θέματος, την προεργασία και το στρατηγικό σχεδιασμό, που είναι απαραίτητος για τη συγγραφή μιας επιστημονικής εργασίας.

1. Έρευνα κι εκλογή θέματος

Το πρώτο βήμα για τη συγγραφή μιας μελέτης είναι η εξεύρεση του θέματος. Σε μερικές περιπτώσεις το θέμα ορίζεται από τον καθηγητή και αυτό συμβαίνει κυρίως στις προπτυχιακές εργασίες, οι οποίες έχουν συνήθως έναν σχετικά ορισμένο και μικρό αριθμό σελίδων. Σε άλλες περιπτώσεις, ο καθηγητής παρουσιάζει έναν κατάλογο θεμάτων από τον οποίο ο φοιτητής επιλέγει ένα θέμα της αρεσκείας του. Αυτό ισχύει για τις προπτυχιακές και μερικές φορές και για τις διπλωματικές εργασίες και σπανιότερα για τις διδακτορικές διατριβές. Όμως, στο επίπεδο των μεταπτυχιακών σπουδών, το συνηθέστερο είναι να αφήνεται ο εκπαιδευόμενος ελεύθερος να εκλέξει το θέμα του μόνος του ανάλογα με τα ενδιαφέροντά του πάνω στο γνωστικό αντικείμενο.

Ας δούμε από κοντά την τελευταία περίπτωση, όπου ως ερευνητές, πρόκειται να επιλέξουμε οι ίδιοι το θέμα της εργασίας μας. Η επιλογή είναι μια πολύ σοβαρή κι αποφασιστική υπόθεση, από την οποία θα εξαρτηθεί η επιτυχής πορεία της προσπάθειάς μας, για αυτό πρέπει να γίνει με βάση ορισμένες προϋποθέσεις.

Πρώτον, είναι πολύ σημαντικό να κινηθούμε ξεκινώντας από τα ενδιαφέροντά μας. Το προσωπικό ενδιαφέρον μας για κάποια θεματική περιοχή, ενισχυμένο με την επιθυμία μας να εμβαθύνουμε στο πεδίο αυτό, θα μας οδηγήσει λίγο αργότερα στην εξειδίκευση του θέματος. Πρέπει να εκμεταλλευτούμε τις δυνατότητές μας, τις επιστημονικές γνώσεις μας, τις κλίσεις μας.

Δεύτερον, να βεβαιωθούμε για την ύπαρξη διαθέσιμων πηγών και σχετικής βιβλιογραφίας. Αν δεν υπάρχει υλικό, δεν θα μπορέσουμε να δουλέψουμε.

Τρίτον, να ξέρουμε ότι θα έχουμε εύκολη πρόσβαση στις πηγές, στις οποίες θα προστρέξουμε. Αν δεν έχουμε πρόσβαση στις πηγές, είναι σαν να μην υπάρχουν για μας.

Τέταρτον, να μπορούμε να χρησιμοποιήσουμε τις πηγές με βάση τις μορφωτικές δυνατότητές μας, δηλαδή πρέπει να σιγουρευτούμε ότι είμαστε σε θέση να τις χειριστούμε και να αξιοποιήσουμε τις επιστημονικές μας γνώσεις και τις προσωπικές μας κλίσεις. Για παράδειγμα, θα είναι αποτυχία να επιλέξουμε ένα θέμα που οι πηγές του είναι παλαιά χειρόγραφα και να μην ξέρουμε παλαιογραφία για να μπορέσουμε να τα διαβάσουμε. Όπως επίσης, να επιλέξουμε ένα θέμα με πηγές στα αρχαία ελληνικά και να μην μπορούμε να τις καταλάβουμε ή να είναι τα περισσότερα και σημαντικότερα σχετικά έργα γραμμένα σε μια γλώσσα που δεν γνωρίζουμε. Με λίγα λόγια, δεν φτάνει να θέλουμε να κάνουμε μια εργασία, αλλά πρέπει να είμαστε και σε θέση να την κάνουμε.

Στο ξεκίνημα, λοιπόν, η πρώτη βασική ενέργεια είναι να προσδιορίσουμε και να επιλέξουμε μια γενικότερη θεματική περιοχή, στην οποία θα στρέψουμε το ερευνητικό ενδιαφέρον μας. Φροντίζουμε κατ' αρχήν να κάνουμε μια έρευνα προκειμένου να αποκτήσουμε μια, κατά το δυνατόν, σφαιρική εικόνα για τη συγκεκριμένη περιοχή. Ερχόμαστε αντιμέτωποι με τα προβλήματα και τις ελλείψεις που υπάρχουν κι αναζητούμε πληροφορίες και δεδομένα.

Ελένη Κατή

Όταν βεβαιωθούμε πως υπάρχουν οι απαραίτητες πηγές αναφοράς, πρέπει να φροντίσουμε στη συνέχεια να εξειδικεύσουμε το θέμα μας ώστε να μην χαθούμε μέσα στις πολλές πλευρές ενός γενικού θέματος. Με άλλα λόγια, επικεντρώνουμε το ενδιαφέρον μας σε ένα ειδικό ζήτημα και η πρώτη διαπίστωση που έχουμε να κάνουμε είναι να ερευνήσουμε μήπως κάποιος άλλος ασχολήθηκε ή ασχολείται με το ίδιο θέμα.

Για παράδειγμα, για μια μελέτη στον τομέα της εκκλησιαστικής ιστορίας, εάν έχουμε ιδιαίτερο ενδιαφέρον για την ιστορία του πατριαρχείου Κωνσταντινουπόλεως, θα μπορούσαμε να ερευνήσουμε ειδικότερα την ιστορία μιας επισκοπής της δικαιοδοσίας του πατριαρχείου ή να το κάνουμε ακόμη πιο ειδικό, εξετάζοντας την ιστορία της επισκοπής για ορισμένη εποχή· ή να επιλέξουμε να ασχοληθούμε με έναν πατριάρχη, οπότε θα πρέπει να κάνουμε πρώτα μια γενική έρευνα για την προσωπικότητά του (βιογραφικά στοιχεία, δράση, συγγραφικό έργο) και για την εποχή κατά την οποία έζησε. Αν δούμε, για παράδειγμα, ότι υπάρχει πάρα πολύ υλικό για τις εκπαιδευτικές του δραστηριότητες, τότε μπορούμε να εξειδικεύσουμε το θέμα προς αυτήν την κατεύθυνση.

Αφού επικεντρώσουμε την προσοχή μας σε ένα θέμα, στη συνέχεια προσπαθούμε να δούμε λίγο και την προβληματική του ώστε να μπορέσουμε να στοχεύσουμε στο πού και το πώς θα κινηθούμε παρακάτω. Στο στάδιο αυτό αποκτούμε μια προκαταρκτική ιδέα του διαθέσιμου υλικού και επιχειρούμε να καθορίσουμε τον τίτλο, έστω και σε μια πρώτη μορφή.

Κατά τη διαδικασία της εκλογής του θέματος, τα συναισθήματα που μπορεί να αισθανόμαστε είναι πιθανόν η αβεβαιότητα και η ανασφάλεια, ενισχυμένα από άγχος που προέρχεται από άλλους λόγους, όπως για παράδειγμα ότι μια διπλωματική και πολύ περισσότερο μια διδακτορική διατριβή δεν μπορεί να εξαντλείται μέσα σε είκοσι σελίδες. Επίσης, αυτού του είδους οι εργασίες έχουν και μια σχετικά ορισμένη καταληκτική ημερομηνία κατάθεσης. Οι περιορισμοί αυτοί αποκτούν ιδιαίτερη σημασία στην περίπτωση που πρέπει να επιλέξουμε ένα δικό μας θέμα, καθώς απαιτούν σωστή διαχείριση του υλικού και του χρόνου. Μπορούμε να αποφύγουμε δύσκολες καταστάσεις, που θα οφείλονται σε αυτά τα συναισθήματα, αν εργαστούμε μεθοδικά με τον τρόπο που περιγράψαμε πιο πάνω.

2. Αναζήτηση βιβλιογραφίας

Το δεύτερο στάδιο είναι η αναζήτηση και εύρεση της σχετικής βιβλιογραφίας. Με άλλα λόγια, είναι η συγκέντρωση όλου εκείνου του υλικού που θα μας είναι χρήσιμο για τη συγγραφή της εργασίας μας. Η αναζήτηση της βιβλιογραφίας δεν επιδέχεται βιασύνη ή προχειρότητα, αντιθέτως απαιτεί υπομονή και μεθοδικότητα. Η πληρότητα με την οποία θα συλλέξουμε και θα ταξινομήσουμε το υλικό μας θα καθορίσει και την τελειότητα που θα έχει η εργασία μας.

Είναι ίσως η πιο χρονοβόρα διαδικασία κατά τη διάρκεια της εκπόνησης μιας εργασίας, όμως ταυτόχρονα είναι το μαγικό ταξίδι της έρευνας. Μπορεί να σου κρύβει εκπλήξεις, να σου επιφυλάσσει μερικές φορές και απογοητεύσεις, αλλά και να σου δώσει απροσδόκητες χαρές, καθώς είναι δυνατό να ανακαλύψεις ένα σημαντικό στοιχείο που ούτε το φανταζόσουν ή να εντοπίσεις μια σπουδαία πληροφορία σε κάποιο σημείο που ούτε καν είχες υποψιαστεί. Είναι επίπονη, αλλά συγχρόνως και συναρπαστική. Είναι ένα ταξίδι, που χρειάζεται επιμονή και υπομονή, διότι το υλικό ούτε εντοπίζεται εύκολα ούτε είναι όλο συγκεντρωμένο σε μια βιβλιοθήκη. Για αυτό κι απαιτείται, κατά περίπτωση βέβαια, μια σύνθετη αναζήτηση σε διάφορες βιβλιοθήκες, αρχεία και διαδικτυακούς τόπους.

Αναζήτηση της βιβλιογραφίας σημαίνει, ουσιαστικά, αναζήτηση πληροφοριών. Στόχος μας είναι να συγκεντρώσουμε δεδομένα και πληροφορίες σημαντικές και σχετικές με το ζήτημα που μας απασχολεί. Πρακτικά λοιπόν, ένα πρώτο βήμα στο στάδιο αυτό είναι να αναζητήσουμε πληροφορίες σε γενικά κι ειδικά λεξικά, εγκυκλοπαίδειες και εγχειρίδια. Από αυτά θα πάρουμε τις πρώτες πληροφορίες για το θέμα μας και τη βασική βιβλιογραφία του. Στη συνέχεια, στρεφόμαστε στην αναζήτηση της βασικής βιβλιογραφίας και της σύγχρονης βιβλιογραφίας. Την συγκεντρώνουμε και κάνουμε μια πρώτη ανάγνωση για να αποκτήσουμε το κατάλληλο γνωστικό υπόβαθρο, μια βάση πληροφοριών. Σε αυτήν την πρώτη φάση της εξερεύνησης ουσιαστικά διευρύνουμε τη «γνωστική βάση» μας ώστε να κατανοήσουμε στο σύνολό τους τις πληροφορίες, που ανακαλύπτουμε και να τις συσχετίσουμε με όσα ήδη γνωρίζουμε.

Το υλικό αυτό θεωρείται περιφερειακό και έχει έμμεση και βοηθητική σχέση με την εργασία. Μας επιτρέπει όμως να έχουμε αφενός μια πανοραμική εικόνα της ευρύτερης περιοχής του θέματός μας και αφετέρου να εστιάσουμε πολύ καλά στο κύριο αντικείμενο, που μας ενδιαφέρει και να ασχοληθούμε με μια ιδιαίτερη πλευρά του ώστε να το περιορίσουμε, διότι διαφορετικά θα πρέπει να δούμε τα πάντα. Εδώ πρέπει να επισημάνουμε το εξής πρόβλημα: είναι ενδεχόμενο να χαθεί κανείς μέσα στη βιβλιογραφία και να καταλήξει να πελαγοδρομεί. Αυτός ο κίνδυνος αποσοβείται μόνο με τον περιορισμό του θέματος.

Αφού εντοπίσουμε, συλλέξουμε και μελετήσουμε το υλικό για τη συγκεκριμένη θεματική περιοχή, κατόπιν αναζητούμε περισσότερες και πιο εξειδικευμένες πληροφορίες, που αφορούν στο θέμα της εργασίας μας. Αυτή είναι η δεύτερη φάση και σε αυτήν εντάσσεται η έρευνα, η συλλογή και η μελέτη των πηγών, δηλαδή δεν είναι αρκετό απλά να συλλέγουμε το υλικό, αλλά πρέπει να κάνουμε ταυτόχρονα και την πρώτη ανάγνωση. Το πρωτογενές υλικό των πηγών θα αποτελέσει τον πυρήνα της εργασίας μας. Για παράδειγμα, πηγή είναι μια πρωτότυπη έκδοση ή μια κριτική έκδοση ενός αρχαίου κειμένου ή ενός βίου αγίου.

Επειδή υπάρχει και το άγχος του χρόνου, οφείλουμε να σημειώσουμε ότι δεν πρέπει σε καμία περίπτωση να παρασυρθούμε από τη συλλογή των έργων και να ξεχαστούμε αφήνοντας το χρόνο να τρέχει.

Όταν ολοκληρώσουμε την προσπάθειά μας, δηλαδή έχουμε συλλέξει το μεγαλύτερο μέρος της βιβλιογραφίας, τότε είμαστε σε θέση να έχουμε πλέον προσωπική άποψη για το θέμα, το οποίο θέλουμε να μελετήσουμε. Η ανασκόπηση της βιβλιογραφίας μας ανοίγει ένα ευρύ πεδίο θεωρητικού προβληματισμού και μπορεί να μας προσφέρει πολλά στοιχεία στη διερεύνηση του θέματος που επιλέξαμε. Βέβαια, η αξιοποίησή της εξαρτάται από τις προσωπικές ικανότητες του κάθε ερευνητή.

3. Αποδελτίωση

Για να αξιοποιήσουμε τις πληροφορίες, τις οποίες συλλέξαμε από τη βιβλιογραφία, πρέπει πρώτα να τις αποδελτιώσουμε, δηλαδή να τις συγκεντρώσουμε, να τις διαχωρίσουμε και να τις κατατάξουμε. Η αποδελτίωση είναι η υποδομή της μελέτης μας. Είναι μια διαδικασία απαραίτητη, η οποία παρέχει άριστη βοήθεια, ιδιαίτερα σε όσους δεν έχουν μεγάλη εμπειρία στην εκπόνηση εργασιών.

Ας δούμε με ποιο τρόπο μπορούμε να εργαστούμε στο στάδιο αυτό. Πρώτα, παίρνουμε δελτία ίσου μεγέθους είτε αυτά είναι ειδικές «καρτέλες αποδελτίωσης», τα γνωστά «καρτελάκια», που πωλούνται στο εμπόριο είτε χρησιμοποιούμε σελίδες χαρτιού, που τοποθετούμε σε ανθεκτικές δελτιοθήκες για φύλλα τύπου Α4. Κάτι ανάλογο μπορεί να γίνει στον υπολογιστή, αλλά αυτό δεν ενδείκνυται για ερευνητές των θεωρητικών επιστημών ούτε για ερευνητές που δεν έχουν πολύ καλή γνώση των δυνατοτήτων της τεχνολογίας.

Εμείς εδώ θα δουλέψουμε με τον παλιό, καλό τρόπο, δηλαδή με τις κλασικές καρτέλες αποδελτίωσης. Η προετοιμασία τους παίρνει αρκετό χρόνο κι απαιτεί μια λεπτομερειακή δουλειά, η οποία όμως είναι απαραίτητη γιατί έτσι θα εξοικονομήσουμε πολύτιμο χρόνο κατά τη συγγραφή της εργασίας και κατά την προετοιμασία του βιβλιογραφικού καταλόγου.

Πώς αποδελτιώνουμε

Για κάθε βιβλίο ή άρθρο χρησιμοποιούμε ξεχωριστό καρτελάκι. Γράφουμε μόνο στη μια επιφάνεια γιατί αυτό θα μας βοηθήσει αργότερα στη συνθετική εργασία κατά την ώρα της συγγραφής της μελέτης.

Πάνω σε κάθε καρτελάκι σημειώνουμε όλα τα βασικά στοιχεία ταυτότητας του βιβλίου ή του άρθρου. Εάν πρόκειται για βιβλίο, αναγράφουμε το ονοματεπώνυμο του συγγραφέα, τον πλήρη τίτλο, τον τόπο έκδοσης, τον εκδότη και το χρόνο έκδοσης. Εάν είναι άρθρο σε περιοδικό, γράφουμε το ονοματεπώνυμο του συγγραφέα, τον τίτλο του άρθρου, το όνομα του περιοδικού, τον αριθμό του τόμου, τη χρονολογία της έκδοσης και τους αριθμούς των σελίδων όπου περιέχεται το άρθρο. Είναι πολύ χρήσιμο να σημειώνουμε πάνω στην καρτέλα τη βιβλιοθήκη και τον ταξινομικό αριθμό του βιβλίου, διότι μπορεί κατά τη διάρκεια των εργασιών μας να χρειαστεί να το ξαναδούμε.

Μπορούμε να κάνουμε δύο ειδών δελτία, δηλαδή δελτία βιβλιογραφίας και δελτία ανάγνωσης.

Δελτία βιβλιογραφίας

Είναι πρακτικό να πάρουμε για τα δελτία βιβλιογραφίας μικρότερου μεγέθους καρτέλες, ίσως και άλλου χρώματος αν θέλουμε, ή ακόμη να χρησιμοποιήσουμε χρωματιστά δελτία για να ξεχωρίσουμε π.χ. τις μονογραφίες από τα άρθρα των περιοδικών. Στα δελτία βιβλιογραφίας θα γράψουμε με ακρίβεια μόνο τα βιβλιογραφικά στοιχεία των βιβλίων και των άρθρων και θα τα ταξινομήσουμε αλφαβητικά στην καρτελοθήκη μας. Τα δελτία αυτά θα μας χρησιμεύσουν στη σύνταξη του βιβλιογραφικού καταλόγου.

Δελτία ανάγνωσης

Τα καρτελάκια αυτά θα πρέπει να είναι μεγαλύτερα από τα δελτία βιβλιογραφίας. Στα δελτία ανάγνωσης αναγράφουμε οπωσδήποτε τα στοιχεία του βιβλίου ή του άρθρου, αλλά συγχρόνως μπορούμε να γράφουμε και τα σχόλιά μας ή τις πληροφορίες που θέλουμε.

Π.χ.: Α. Παπαδοπούλου-Κεραμέως, «Ο πατριάρχης Φώτιος ως πατήρ άγιος της Εκκλησίας», *Byzantinische Zeitschrift*, τόμ. 8 (1899), σελ. 647-671.

Περιέχει στοιχεία για τη διορατικότητα του Φωτίου και το γεγονός ότι είδε τις νέες προοπτικές που ανοίγονταν για ιεραποστολική δραστηριότητα με τον εκχριστιανισμό των Σλάβων.

Αυτού του είδους τα δελτία μπορούμε να τα ταξινομήσουμε με διάφορους τρόπους έτσι ώστε να τα καταστήσουμε προσιτά και εύχρηστα. Ένας πρακτικός τρόπος για την ταξινόμησή τους και για την εύκολη χρήση τους είναι να κάνουμε διαφορετικά δελτία, δηλαδή δελτία κατά θέματα, δελτία κατά συγγραφέα, δελτία παραθεμάτων και δελτία σχολίων.

- Δελτία κατά θέματα. Στα καρτελάκια αυτά σημειώνουμε τις νέες πληροφορίες, τι οποίες προσφέρει το βιβλίο σχετικά με ένα ορισμένο θέμα. Γράφουμε συνοπτικά την πληροφορία που θέλουμε ώστε να χτυπάει στο μάτι.

- Δελτία κατά συγγραφέα. Γράφουμε πληροφορίες για το συγγραφέα ή τις απόψεις του που θεωρούμε σημαντικές για την προβληματική του θέματός μας.
- Δελτία παραθεμάτων. Σε αυτά τα δελτία γράφουμε χαρακτηριστικές λέξεις ή όρους ή αποσπάσματα αυτολεξεί, τα οποία θα χρησιμοποιήσουμε ως παραθέματα. Στο καρτελάκι πάνω αριστερά γράφουμε το θέμα του αποσπάσματος και στη μέση γράφουμε το κείμενο μέσα σε εισαγωγικά. Στο κάτω μέρος γράφουμε τα στοιχεία του βιβλίου και την ακριβή ένδειξη της σελίδας ή των σελίδων, όπου βρίσκεται το απόσπασμα. Αυτού του είδους τα δελτία μπορούμε να τα επισυνάψουμε στο αντίστοιχο βιβλιογραφικό δελτίο του έργου.
- Δελτία σχολίων. Σε αυτά σημειώνουμε τις σκέψεις που μας προκαλεί το κείμενο, καθώς το μελετάμε, επεξεργαζόμαστε κάποια γνώμη, προσθέτουμε τις παρατηρήσεις μας ή τις αξιολογήσεις μας, γράφουμε τα σχόλια ή τους προβληματισμούς μας.

Ανάλογα βέβαια και με τη φύση του θέματος της εργασίας μας, αλλά κατά περίπτωση θα ήταν χρήσιμο να κάνουμε και *δελτία σχολιασμού άλλων συγγραφέων*. Πάνω σε αυτά μπορούμε να αποδελτιώσουμε σχόλια και αναφορές του συγγραφέα του έργου, ο οποίος μελετάει θέσεις άλλων συγγραφέων. Γράφουμε επάνω τα στοιχεία του βιβλίου, το οποίο μελετά ο συγγραφέας, στη μέση γράφουμε τα σχόλιά του μέσα σε εισαγωγικά και πιο κάτω γράφουμε τα στοιχεία του βιβλίου και τις σελίδες όπου υπάρχουν αυτά τα σχόλια. Αυτού του είδους τα καρτελάκια θα μας βοηθήσουν αργότερα να παραπέμψουμε σωστά στην περίπτωση που δεν έχουμε μελετήσει οι ίδιοι το έργο, αλλά το γνωρίζουμε μόνο μέσα από τα σχόλια ενός άλλου συγγραφέα.

Θα μας διευκολύνει να πάρουμε καρτέλες διαφορετικών χρωμάτων για τις διάφορες καταχωρήσεις μας, π.χ. άλλο χρώμα για τα σχόλια και τις παρατηρήσεις μας, άλλο για τις πληροφορίες, άλλο για τα παραθέματα. Μπορούμε να τα ομαδοποιήσουμε ακόμη περισσότερο και να πάρουμε για τα θεματικά δελτία διαφορετικά χρώματα και να αντιστοιχήσουμε κάθε χρώμα σε ένα θέμα.

Επίσης, μπορούμε να χρησιμοποιούμε διαφορετικά χρώματα μελάνης για να σημειώνουμε ομοειδείς πληροφορίες στα δελτία μας, ώστε αμέσως και μόνο με το μάτι να καταλαβαίνουμε το περιεχόμενο ενός δελτίου. Προσοχή! Θα πρέπει αυτές τις ομοειδείς πληροφορίες να τις γράφουμε σταθερά με το ίδιο χρώμα μελάνης. Λόγου χάρη μπορούμε να γράφουμε με μαύρο μελάνι στα καρτελάκια που θα περιέχουν πληροφορίες σχετικές με το θάνατο ενός προσώπου.

Επειδή σε κάποιον μπορεί να φανεί παράξενο ή ακόμη κι αστείο να κάνει τέτοια καρτελάκια, έχουμε να πούμε ότι αυτά είναι τεχνάσματα που αποδεικνύονται πολύ πρακτικά και διευκολύνουν σε μεγάλο βαθμό τον σχετικά άπειρο ερευνητή.

Εδώ, πρέπει να πούμε ότι η αποδελτίωση είναι μια διαδικασία που αφορά την περιφερειακή βιβλιογραφία. Όσο για τις κύριες πηγές που θα χρησιμοποιήσουμε, καλό είναι αυτές να τις έχουμε στα χέρια μας και επειδή συνήθως δεν πρόκειται για βιβλία που θα μπορούσαμε να αγοράσουμε και να έχουμε στη βιβλιοθήκη μας, στην περίπτωση αυτή ή τα φωτοτυπούμε ή τα φωτογραφίζουμε και εκτυπώνουμε για να σημειώνουμε επάνω αποσπάσματα και σχόλια. Αν κρατάμε τα κείμενα στον υπολογιστή τότε θα χρειαστούμε ένα τετράδιο για να γράφουμε τα σχόλιά μας ή τα αποσπάσματα που μας ενδιαφέρουν.

4. Επεξεργασία υλικού

Αφού συγκεντρώσαμε αρκετό υλικό, κάναμε την πρώτη ανάγνωση και τα αποδελτιώσαμε, τώρα χρειάζεται να οπλιστούμε με εμπιστοσύνη στις δυνάμεις μας, να μην πανικοβληθούμε μπροστά στον όγκο και την αταξία του υλικού κι αρχίσουμε να πελαγοδρομούμε, γιατί θα απογοητευτούμε.

Όλο αυτό το ακατέργαστο υλικό αρχίζουμε πια να το μελετούμε προσεκτικά και να το επεξεργαζόμαστε επιδιώκοντας την πληρέστερη κατανόηση του θέματος. Σε αυτό το νέο διάβασμα είναι φυσικό να μας έρθουν ιδέες, σκέψεις, προβληματισμοί, σχόλια, πράγμα που δεν αποκλείεται βέβαια να γίνει και σε άλλες στιγμές. Είναι σκόπιμο να έχουμε πάντα κοντά μας ένα σημειωματάριο και να σημειώνουμε αμέσως τις σκέψεις μας για να τις μεταφέρουμε συστηματικά στις καρτέλες μας, διαφορετικά θα τις ξεχάσουμε.

Το στάδιο της επεξεργασίας του υλικού μπορεί να χωριστεί σε δύο φάσεις, τη φάση της αξιολόγησης και τη φάση της ταξινόμησης.

Αξιολόγηση

Σε αυτή τη φάση ενδέχεται να διαπιστώσουμε ότι κατά τη διάρκεια της συλλογής του υλικού συγκεντρώσαμε και στοιχεία που δεν μας είναι απόλυτα αναγκαία. Εναπόκειται στην κρίση μας να αποφασίσουμε ποιες πληροφορίες είναι πραγματικά χρήσιμες και ποιες όχι. Εμείς είμαστε αυτοί που θα αξιολογήσουμε το υλικό μας. Για να το κάνουμε αυτό σωστά, πρέπει να ξεκαθαρίσουμε το στόχο της μελέτης μας, να αναρωτηθούμε ποιος είναι ο σκοπός μας και έπειτα να σκεφθούμε πώς μπορούμε να επιτύχουμε καλύτερα το στόχο μας.

Από το σύνολο των στοιχείων που συλλέξαμε, θα επιλέξουμε και θα χρησιμοποιήσουμε εκείνα που σχετίζονται άμεσα με το σκοπό μας και θα απορρίψουμε όσα δεν εξυπηρετούν το συγκεκριμένο σκοπό. Εμείς θα κρίνουμε και θα αποφασίσουμε τι αξίζει πολύ, τι αξίζει λίγο και τι καθόλου από το υλικό που συγκεντρώσαμε και τι είναι απαραίτητο για την επίτευξη του σκοπού μας. Όσα θεωρήσαμε ότι είναι άχρηστα, πρέπει να τα αφήσουμε στην άκρη και να μην μπούμε στον πειρασμό να τα χρησιμοποιήσουμε απλά επειδή λυπόμαστε τον κόπο που κάναμε για να τα εντοπίσουμε, να τα συλλέξουμε και να τα διαβάσουμε. Μια τέτοια παιδαριώδης ενέργεια μπορεί να αποβεί ολέθρια για την τύχη της εργασίας μας. Βεβαίως, ας έχουμε κατά νου ότι το διάβασμα ποτέ δεν πάει χαμένο· ίσως αυτό το άχρηστο, προς το παρόν, υλικό να φανεί χρήσιμο στο μέλλον για κάποια άλλη μελέτη.

Κατά τη διάρκεια της φάσης της αξιολόγησης του υλικού ενδέχεται να αντιληφθούμε ότι ξεκαθαρίζονται όλες οι προεκτάσεις των βασικών προβλημάτων της μελέτης μας, γεγονός που μπορεί να μην φαινόταν από την αρχή και πιθανόν να ανοίξουν νέες προοπτικές, τις οποίες δεν είχαμε φανταστεί.

Ταξινόμηση

Μετά από τη συγκέντρωση και την αξιολόγηση του υλικού μας καאι έχοντας κατά νου τους κεντρικούς άξονες, στους οποίους θα κινηθούμε, σχεδόν ταυτόχρονα μπορούμε να ταξινομήσουμε το υλικό μας. Το χωρίζουμε σε συγγενικές ενότητες, πράγμα που σημαίνει πρακτικά ότι ομαδοποιούμε τις καρτέλες μας. Αυτές οι ομάδες θα μας δώσουν τη δυνατότητα να συντάξουμε αργότερα τα κεφάλαια της εργασίας μας και να σκεφθούμε πιθανούς τίτλους. Με τον τρόπο αυτό προχωρούμε σε έναν πρώτο καθορισμό του περιεχομένου της μελέτης μας. Καταρτίζουμε, δηλαδή, ένα αρχικό σχεδιάγραμμα στο οποίο υπολογίζουμε να κινηθούμε. Σε αυτή τη φάση βοηθάει η δημιουργία ερωτήσεων από εμάς τους ίδιους και στις ερωτήσεις αυτές θα πρέπει να δίνει απαντήσεις η εργασία μας.

Το όφελος από αυτή τη διαδικασία είναι διπλό, καθώς θα φανερώσει και την πιθανή ύπαρξη ελλείψεων σε κάποιες ενότητες δελτίων.

5. Σχεδιασμός

Είπαμε ότι κατά την ταξινόμηση και μέσα από αυτήν προκύπτει το πρώτο σχεδιάγραμμα. Αυτό το αρχικό σχέδιο, το οποίο είχαμε κατά νου, μπορεί σε αυτό το στάδιο να εμπλουτιστεί ή να διαφοροποιηθεί.

Ως σημείο εκκίνησης, για να αρχίσουμε να δουλεύουμε, βάζουμε ένα χονδρικό πλάνο της εργασίας μας, το οποίο θα περιλαμβάνει τίτλο, περιεχόμενα και εισαγωγή. Αυτό θα μας βοηθήσει να κάνουμε το πλαίσιο της μελέτης μας. Αν στην πορεία ή στο τέλος αυτό το αρχικό πλάνο αλλάξει, τότε θα το αναδιαρθρώσουμε και ενδεχομένως να αποκτήσει μια εντελώς διαφορετική μορφή. Είναι προτιμότερο όμως να έχουμε το σημείο εκκίνησης, ένα πλάνο εργασίας και να το αλλάξουμε αν χρειαστεί, παρά να προσπαθήσουμε να ξεκινήσουμε μια πορεία χωρίς να έχουμε ένα σχέδιο στα χέρια μας. Οπωσδήποτε, δεν πρέπει να μας πανικοβάλλει η ιδέα των αλλαγών και να νομίσουμε ότι ξεφεύγουμε από τον αρχικό σχεδιασμό μας. Απεναντίας αυτό συνήθως συμβαίνει, οπότε να ξέρουμε ότι είναι εν πολλοίς αναμενόμενο, καθώς το υλικό είναι πάντα αυτό που μας οδηγεί.

Ας επανέλθουμε όμως στο χονδρικό πλάνο που πρέπει να κάνουμε και ας ξεκινήσουμε από τον τίτλο. Ένας καλός τίτλος αποτελεί ήδη πλάνο εργασίας και μπορεί να αποτελέσει επίσης ένα είδος ερώτησης. Γίνεται αντιληπτό, λοιπόν, ότι ο τίτλος καθίσταται ουσιαστικό μέρος του σχεδίου μας. Ας υποθέσουμε ότι καταθέτουμε στη γραμματεία έναν τίτλο για τον τάδε πατριάρχη. Ένας κρυφός τίτλος είναι, λόγου χάρη, η σχέση του πατριάρχη με την παιδεία. Ποιες ήταν οι σχετικές δραστηριότητές του, ποιες πρωτοβουλίες ανέλαβε. Αυτές οι προτάσεις μπορούν αμέσως να μετασχηματιστούν σε ερωτήσεις, οι οποίες θα μας κατευθύνουν ουσιαστικά. Επίσης, να έχουμε στο μυαλό μας ότι ο τίτλος είναι η ταυτότητα μιας επιστημονικής εργασίας, για αυτό πρέπει να είναι σύντομος και να αποδίδει την ουσία του θέματος.

Στη συνέχεια, διαμορφώνουμε έναν αρχικό πίνακα περιεχομένων κι επιχειρούμε να δώσουμε μια περίληψη για κάθε κεφάλαιο. Αυτό θα μας βοηθήσει να ξεκαθαρίσουμε μέσα μας, πρώτα απ' όλα, τι θέλουμε να κάνουμε και να καταλάβουμε αν οι ιδέες μας είναι σαφείς. Εξάλλου, θα μας χρησιμεύσει στο να έχουμε να προτείνουμε ένα κατανοητό πλάνο στο σύμβουλο-καθηγητή.

Η τρίτη ενέργεια, που έχουμε να κάνουμε για το πλάνο εργασίας, είναι να γράψουμε μια εισαγωγή, η οποία βέβαια θα αποδειχθεί πλασματική διότι θα την ξαναγράψουμε αρκετές φορές μέχρι να τελειώσουμε την εργασία μας, αλλά έστω και έτσι η αξία της είναι μεγάλη και συνίσταται στο γεγονός ότι μας επιτρέπει να σταθεροποιήσουμε και να βάλουμε σε τάξη τις ιδέες μας. Η εισαγωγή θα είναι προσαρμοσμένη σε έναν κεντρικό άξονα, ο οποίος δεν θα αλλάξει παρά μόνο εάν αναδιαρθρώσουμε τον πίνακα περιεχομένων. Το πιο πιθανό είναι ότι τα τελικά περιεχόμενα και η εισαγωγή θα είναι διαφορετικά από τα αρχικά, καθώς όσο θα προχωράει η μελέτη μας θα τα ξαναγράφουμε και θα τα αναμορφώνουμε.

Έχοντας πραγματοποιήσει όλες τις προηγούμενες ενέργειες, βλέπουμε ότι κάναμε τον καταμερισμό του υλικού μας και προβληματιστήκαμε για τα πιθανά μέρη της εργασίας μας. Δηλαδή, κάναμε ουσιαστικά το σκελετό της εργασίας μας και είμαστε σε θέση να προχωρήσουμε στη συγγραφή.

6. Συγγραφή

Το να γράψει κανείς ένα επιστημονικό κείμενο με τρόπο ορθό, αποτελεσματικό κι εύληπτο από τον αναγνώστη δεν είναι εύκολο εγχείρημα. Ο σχετικά άπειρος ερευνητής καλείται να προσαρμόσει τη μελέτη και την αναζήτησή του σε μια διαδικασία έρευνας και συγγραφής, για την οποία γνωρίζει ελάχιστα, τουλάχιστον στην αρχή.

Ελένη Κατή

Η συγγραφή μιας ερευνητικής εργασίας είναι μια πολύπλοκη και σχεδόν χαοτική διαδικασία, ιδιαίτερα για αυτόν που την αντιμετωπίζει πρώτη φορά. Για να προκύψει τάξη μέσα από αυτό το χάος χρειάζεται να υπάρξει οργάνωση και η μέθοδος που θα ακολουθήσουμε εξαρτάται από εμάς τους ίδιους. Μπορούμε να εργαστούμε απαγωγικά, δηλαδή να πηγαίνουμε από τα γενικά και σύνθετα στα ειδικά και απλά ή να χρησιμοποιήσουμε την επαγωγική μέθοδο, όπου θα ξεκινάμε από τα απλά κι ειδικά και θα πηγαίνουμε στα γενικά και σύνθετα.

Μια από τις δυσκολίες που μπορεί να αντιμετωπίσουμε στη συγγραφή της εργασίας ορισμένες φορές πηγάζει από το *πλήθος* των πληροφοριών που έχουμε συγκεντρώσει. Η προσπάθεια να συμπεριλάβουμε όλες τις πληροφορίες που συγκεντρώσαμε είναι δυνατό να οδηγήσει σε απλή συσσώρευση πληροφοριών χωρίς συγκεκριμένο σχέδιο και προοπτική. Για να αποφύγουμε έναν τέτοιο κίνδυνο είναι σκόπιμο να προβληματιστούμε πάνω στο θέμα για ένα χρονικό διάστημα και αφού περάσει αυτό το διάστημα, ξανασκεφτόμαστε λίγο τα πράγματα και μετά αρχίζουμε τη συγγραφή.

Όλο το υλικό που συγκεντρώσαμε πρέπει να το μετασχηματίσουμε, να το αναπλάσουμε έτσι ώστε να ανταποκρίνεται στις ανάγκες της δικής μας διαπραγμάτευσης και να εξυπηρετεί τους δικούς μας στόχους. Πρέπει να το διαμορφώσουμε έτσι ώστε να μπορέσουμε να το χρησιμοποιήσουμε για να εκθέσουμε και να υποστηρίξουμε τις δικές μας απόψεις, να εκφράσουμε τις δικές μας ιδέες, να κάνουμε τις δικές μας τοποθετήσεις επί του θέματος, να παρουσιάσουμε τα επιχειρήματα και τους προβληματισμούς μας. Στην εργασία μας, επομένως, πρέπει αφενός να φαίνεται ότι κατανοήσαμε το θέμα και αφετέρου να φαίνεται το δικό μας προσωπικό ύφος.

Θα πρέπει να γνωρίζουμε ότι συγγραφή δεν σημαίνει συρραφή ενός επεξεργασμένου υλικού, αλλά μια σύνθεση όλων των στοιχείων που προήλθαν από την έρευνα, κατά τρόπον ώστε να λύνονται σταδιακά τα ειδικότερα προβλήματα και να εξάγονται μερικότερα πορίσματα. Το πώς θα αφομοιώσουμε, πώς θα οργανώσουμε και πώς θα παρουσιάσουμε τις πληροφορίες και τις σκέψεις μας, φαίνεται στη σύνθεση.

Η συγγραφή είναι το κύριο στάδιο για την ολοκλήρωση της εργασίας μας. Το στάδιο αυτό απαιτεί να έχουμε ήδη αποκτήσει συμπυκνωμένη γνώση γύρω από το θέμα μας, το οποίο θα πρέπει να το έχουμε κατανοήσει σε τέτοιο βαθμό ώστε να μπορούμε να εκφράσουμε τώρα πια αυτήν την κατανόηση με δικά μας λόγια. Εδώ θα αναπτύξουμε όσα έχουμε δηλώσει στο σχεδιάγραμμα κατά κεφάλαια και υποκεφάλαια, τα οποία πρέπει να προσέξουμε ώστε να τα κατατάξουμε σωστά.

Αφού λοιπόν επεξεργαστήκαμε για δεύτερη φορά το υλικό μας, αρχίζουμε να γράφουμε. Το πρώτο βήμα για τη σύνθεση της μελέτης μας είναι η προετοιμασία της σε μια πρώτη μορφή. Σε αυτή τη μορφή είναι αρκετό να έχει κάθε παράγραφος ένα ολοκληρωμένο νόημα.

Σε μια δεύτερη φάση επανεξετάζουμε τη μελέτη μας από την πλευρά του περιεχομένου. Τοποθετούμε τις παραγράφους στην οριστική τους θέση, συμπληρώνουμε τα κενά που πιθανώς αφήσαμε και ενισχύουμε τη μελέτη μας με επιπρόσθετες πληροφορίες ή αποσαφηνίζουμε τμήματα που ήταν ασαφή.

Πρέπει να έχουμε κατά νου ότι η εργασία μας δεν απευθύνεται μόνο σε ένα πρόσωπο (σύμβουλος-καθηγητής) ή έστω σε λίγους (ορισμένους ειδικούς ανάλογου γνωστικού αντικειμένου), αλλά να θεωρούμε ως δεδομένο ότι θα διαβαστεί από πολλούς άλλους. Συνεπώς, όταν χρησιμοποιούμε όρους είμαστε υποχρεωμένοι να δίνουμε τους ορισμούς τους. Επίσης, ο κάθε αναγνώστης δεν έχει διαβάσει όσα έχουμε διαβάσει εμείς, για αυτό οφείλουμε όταν κάνουμε λόγο π.χ. για ένα δευτερεύον πρόσωπο να αναφέρουμε λίγα πράγματα για αυτό το πρόσωπο ή να παραπέμπουμε τον αναγνώστη σε έργα όπου μπορεί να βρει περισσότερες πληροφορίες.

Σε μια εργασία πολλές φορές είναι σκόπιμο να χρησιμοποιούμε παραθέματα. Δεν πρέπει όμως να φτάνουμε στην υπερβολή και να φορτώνουμε το κείμενό μας σε μεγάλο βαθμό. Όταν παραθέτουμε ένα απόσπασμα αυτολεξεί είτε από αρχαίο κείμενο είτε από άλλο συγγραφέα, το τοποθετούμε πάντα μέσα σε εισαγωγικά. Το να βάλουμε παράθεμα χωρίς εισαγωγικά είναι λογοκλοπή. Η μόνη περίπτωση που δεν θα χρησιμοποιήσουμε τα εισαγωγικά είναι όταν το απόσπασμα είναι πολύ μεγάλο, περισσότερο από τρεις γραμμές, οπότε το γράφουμε ξεχωριστά από το υπόλοιπο κείμενο, χωρίς εισαγωγικά και με πυκνό διάστημα μεταξύ των γραμμών. Αν θέλουμε να παραλείψουμε από το παράθεμα μερικές προτάσεις, στη θέση των παραλειπόμενων βάζουμε τρεις τελείες. Όταν παραθέτουμε αποσπάσματα από αρχαία κείμενα, διατηρούμε όλες τις ιδιαιτερότητες στον τονισμό, τη στίξη κ.τ.λ..

Είναι καλό κάποιες φορές να βάζουμε αυτούσια αποσπάσματα από άλλους συγγραφείς. Στην περίπτωση αυτή, δεν αρκεί απλά να αντιγράφουμε ένα κομμάτι, αλλά πρέπει να φροντίζουμε να αποδίδουμε και το περιεχόμενο της συνάφειας από την οποία το αποσπάσαμε, γιατί διαφορετικά μπορεί να αλλοιώσουμε την αρχική του έννοια. Κάτι τέτοιο αποτελεί παραποίηση και νόθευση και πρέπει να αποφεύγεται.

Προσθήκη στα λόγια κάποιου επιτρέπεται μόνο όταν αυτή επιβάλλεται για να διευκρινιστεί κάποιο στοιχείο ή να για συμπληρωθεί ένα χάσμα, το οποίο δημιουργείται από μια παράλειψη. Μια τέτοια προσθήκη μπαίνει μέσα σε αγκύλες [ ]. Επίσης, δεν κάνουμε γλωσσικές και γραμματικές αλλαγές. Αν διαπιστώσουμε ορθογραφικά ή φραστικά λάθη, το μόνο που επιτρέπεται να κάνουμε είναι να υποδείξουμε το λάθος χρησιμοποιώντας, μέσα σε παρένθεση και δίπλα από το λάθος, τη λέξη sic (=έτσι). Αυτό σημαίνει ότι έτσι ακριβώς είναι γραμμένο από το συγγραφέα στον οποίο παραπέμπουμε.

Τέλος, στο σημείο αυτό να διευκρινίσουμε ότι για την αρίθμηση των πατριαρχών, παπών, βασιλέων, αυτοκρατόρων κ.τ.λ. χρησιμοποιούμε ελληνικούς και όχι λατινικούς αριθμούς, όπως για παράδειγμα Λέων Γ΄. Όσο για την αριθμητική γραφή των αιώνων, είναι σκόπιμο να χρησιμοποιούμε αραβικούς και όχι ελληνικούς αριθμούς.

Διατύπωση

Για τη συγγραφή δεν αρκεί μόνο να έχουμε το υλικό, τις ιδέες και τους προβληματισμούς και απλά να τα περάσουμε στο χαρτί. Έχει μεγάλη σημασία και το πώς θα διατυπώσουμε όλα όσα έχουμε να πούμε. Πρέπει ο γραπτός λόγος μας να έχει ποιότητα, για αυτό είναι απαραίτητο να φροντίσουμε για τη σωστή διατύπωση, τη γλωσσική ομοιομορφία του κειμένου μας, τη σωστή σύνταξη, τη γραμματική και την ορθογραφία. Ένα καλογραμμένο κείμενο πάντα κρατά ζωντανό το ενδιαφέρον του αναγνώστη. Ένα κακογραμμένο κείμενο δύσκολα κρατά τον αναγνώστη, ακόμη και αν τον ενδιαφέρει το θέμα, το διαβάζει δυσφορώντας. Είναι απαραίτητο το κείμενό μας να είναι λογικά συγκροτημένο και σαφές, να υπάρχει σε αυτό αλληλουχία συλλογισμών και εκφορά λογικών επιχειρημάτων και να αποφεύγονται οι πλατειασμοί και οι άσκοπες επαναλήψεις.

Η γλώσσα που θα χρησιμοποιήσουμε πρέπει να είναι ρέουσα και απλή, αλλά όχι απλοϊκή, απαλλαγμένη από νεολογισμούς, ρητορείες, επιτηδευμένες εκφράσεις και εξεζητημένα γλωσσικά στοιχεία. Το λεξιλόγιο να είναι απλό με προσεκτικές διατυπώσεις και να μην χρησιμοποιούμε λέξεις για τη σημασία των οποίων δεν είμαστε σίγουροι. Το ύφος να είναι καταληπτό και καλαίσθητο και όχι επιτηδευμένο και πομπώδες με μεγάλες προτάσεις.

Πρέπει να αποφεύγουμε τις μακροσκελείς περιόδους. Ο μακροπερίοδος λόγος κουράζει τον αναγνώστη και μπορεί να τον κάνει να μην καταλαβαίνει τι θέλουμε να πούμε. Είναι απαραίτητη η διαίρεση του κειμένου σε παραγράφους, διότι το συνεχές κείμενο είναι κουραστικό, μονότονο και μπορεί να γίνει δυσνόητο. Συνεπώς, χρειάζεται να αλλάζουμε συχνά παράγραφο και κάθε παράγραφος πρέπει να αποτελεί μια ολοκληρωμένη νοηματική ενότητα. Αυτό σημαίνει ότι πρέπει να ολοκληρώνει το συλλογισμό ή το επιχείρημα που αρχίσαμε να αναπτύσσουμε.

Οι προτάσεις μας πρέπει να είναι απλές, κατανοητές και ορθές από γραμματική, συντακτική και εννοιολογική άποψη. Αυτές είναι τα δομικά υλικά με τα οποία θα χτίσουμε τη εργασία μας. Όσες προτάσεις είναι ασαφείς ή αποδίδουν λανθασμένα τις απόψεις μας είναι καλύτερα να τις αφαιρέσουμε ή να τις ανασυντάξουμε. Η ασάφεια των προτάσεων δείχνει ότι υπάρχει σύγχυση στο νου του συγγραφέα και επειδή εμείς θα κριθούμε με αυτήν την εργασία, δεν μας συμφέρει καθόλου να δώσουμε τέτοια εικόνα.

Οι σύντομες προτάσεις είναι προτιμότερες. Φυσικά δεν είναι εντυπωσιακές, δίνουν όμως εύκολα την πληροφορία στον αναγνώστη και είναι πιο εύκολες στη σύνταξή τους. Άλλωστε, αν επιδιώκουμε μόνο να κερδίσουμε τις εντυπώσεις, έχουμε χάσει το παιχνίδι. Για να έχουμε στο νου μας ένα μέτρο, λέμε ότι είναι καλό οι προτάσεις μας να περιέχουν περίπου είκοσι λέξεις ή πιο χονδρικά μια πρόταση να εκτείνεται σε δύο γραμμές περίπου. Όταν μια πρόταση περιέχει υπερδιπλάσιο αριθμό λέξεων, θα πρέπει να την χωρίζουμε σε δύο ή και τρεις προτάσεις.

Είναι σκόπιμο να κάνουμε απλή σύνταξη, όπου οι βασικοί όροι υποκείμενο–ρήμα–αντικείμενο θα είναι ευδιάκριτοι. Δεν πρέπει να είναι διφορούμενο το ποιο είναι το υποκείμενο της πρότασης. Αποφεύγουμε να αντικαθιστούμε το υποκείμενο με αντωνυμίες, ειδικά στις δευτερεύουσες προτάσεις, γιατί κάποια στιγμή ο αναγνώστης θα χαθεί και δεν θα ξέρει για ποιον μιλάμε.

Τις παραθέσεις, τις επεξηγήσεις και τις δευτερεύουσες προτάσεις είναι καλύτερα να τις τοποθετούμε στην αρχή ή στο τέλος της κύριας πρότασης και να αφήνουμε στο κέντρο τους βασικούς όρους (υποκείμενο–ρήμα–αντικείμενο).

Τα ρήματα να τα χρησιμοποιούμε στην ενεργητική φωνή. Αυτό θα κάνει το λόγο μας πολύ πιο ζωντανό. Μπορούμε στην ανάγκη να χρησιμοποιήσουμε και παθητικούς ρηματικούς τύπους, αλλά με προσοχή. Αποφεύγουμε όμως εντελώς τις αόριστες εκφράσεις. Είναι δείγμα κακής γραφής να πούμε λόγου χάρη: «<u>Θεωρήθηκε</u> αποτυχημένη η στάση κατά του αυτοκράτορα» ή «το σχόλιο που <u>παρατέθηκε</u> πιο πάνω».

Αν κάνουμε τη διπλωματική ή το διδακτορικό μας στην ιστορία είναι καλό να γράφουμε σε χρόνο παρελθοντικό, κυρίως αόριστο. Χρήση του παρατατικού μπορούμε να κάνουμε κατά περίπτωση ενώ τη συστηματική χρήση του υπερσυντέλικου πρέπει να την αποφεύγουμε.

Μεγάλη προσοχή οφείλουμε να δώσουμε στην ορθογραφία και τη στίξη. Χρησιμοποιούμε κόμματα και τελείες και δεν χρησιμοποιούμε κεφαλαία γράμματα, ιδίως στους τίτλους των υποκεφαλαίων.

Τέλος, να πούμε ότι γράφουμε μόνο στη μια πλευρά της σελίδας και πρέπει να χρησιμοποιούμε την ίδια γραμματοσειρά από την αρχή ως το τέλος. Προτείνουμε την Palatino Linotype ή την Times New Roman.

7. Κατανομή υλικού

Σε αυτό το τελευταίο κεφάλαιο του α΄ μέρους του οδηγού, παρουσιάζουμε ένα πρόγραμμα κατανομής υλικού και ορισμένες προτάσεις για τη διάρθρωση και την εμφάνιση της μελέτης μας.

Είχαμε κάνει, όπως είπαμε, έναν πρώτο καταμερισμό του υλικού μας και ένα αρχικό σχέδιο της εργασίας μας. Στην πορεία ίσως να προχωρήσαμε σε αλλαγές, αλλά τώρα οριστικοποιήσαμε τον καταμερισμό και είμαστε σε θέση να δώσουμε την τελική μορφή των περιεχομένων της εργασίας μας. Μια πρόταση είναι η παρακάτω:

Πρόλογος–Περιεχόμενα–Βραχυγραφίες–Βιβλιογραφία–Εισαγωγή–Κύριο Μέρος (μέρη, κεφάλαια, υποκεφάλαια και ενδεχομένως και μικρότερες ενότητες)–Επίλογος ή Συμπεράσματα.

Αν το θέμα και το υλικό προσφέρονται, μπορούμε να προσθέσουμε μετά από τον Επίλογο και Παράρτημα με Εικόνες – Χάρτες – Πίνακες. Καλό είναι, ειδικά αν στους στόχους μας είναι να εκδώσουμε τη μελέτη μας, να κάνουμε και έναν Λημματικό κατάλογο.

Πρόλογος
Εδώ κάνουμε αναφορά στους λόγους που μας οδήγησαν να ασχοληθούμε με το συγκεκριμένο θέμα, δηλώνουμε την επιθυμία μας να συμβάλλουμε στην πρόοδο της έρευνας και μπορούμε να μιλήσουμε για τις εμπειρίες που αποκομίσα-

με στα διάφορα στάδια της μελέτης ή για τις δυσκολίες που αντιμετωπίσαμε. Επίσης, στον Πρόλογο θα εκφράσουμε, εάν υπάρχει λόγος να το κάνουμε, τις ευχαριστίες μας σε πρόσωπα ή ιδρύματα που συνέβαλαν άμεσα ή έμμεσα στην ολοκλήρωση της μελέτης μας και όταν πρόκειται για διπλωματική ή διδακτορική εργασία, εκφράζουμε ευχαριστίες στον σύμβουλο-καθηγητή και στα μέλη της εισηγητικής επιτροπής. Οφείλουμε να κάνουμε ποσοστιαία κατανομή του υλικού μας, δηλαδή, πρέπει να προσέξουμε την έκταση που θα έχει ο Πρόλογός μας σε σχέση με το Κύριο Μέρος. Για παράδειγμα, αν το Κύριο Μέρος είναι 50 σελίδες, τότε ο Πρόλογος δεν μπορεί να είναι πάνω από 5 σελίδες.

Περιεχόμενα

Στον πίνακα των Περιεχομένων γράφουμε όλες τις υποδιαιρέσεις του έργου, κύριες και δευτερεύουσες, τους τίτλους των κεφαλαίων και των υποκεφαλαίων με τον αριθμό της σελίδας στο δεξιό μέρος. Πρέπει να είναι πλήρης και κατατοπιστικός, καθώς αποτελεί τη συνολική και πρώτη εικόνα όλου του έργου μας. Από τον πίνακα των Περιεχομένων ο αναγνώστης μπορεί με την πρώτη ματιά να δει την ταυτότητα του έργου, να καταλάβει πού θα κινηθεί η διαπραγμάτευση του θέματος και να βγάλει συμπεράσματα για την πληρότητα της εργασίας. Για πρακτικούς λόγους, η θέση του είναι στην αρχή της εργασίας, καθώς επιτρέπει στον αναγνώστη να βρει γρήγορα το μέρος που τον ενδιαφέρει. Τον πίνακα πρέπει να τον συντάξουμε με προσοχή ώστε να ανταποκρίνονται πλήρως οι τίτλοι και οι σελίδες του με το εσωτερικό της εργασίας.

Για τη διαίρεση του υλικού μας μπορούμε να χρησιμοποιήσουμε μόνο αριθμούς (δεκαδικό σύστημα).

1.

11.

111.

112.

Μπορούμε να χρησιμοποιήσουμε γράμματα και αριθμούς (μεικτό σύστημα). Αυτό είναι πιο εύκολο, πιο κατανοητό και είναι γνωστό σε όλους. Χρησιμοποιούμε κεφαλαία ελληνικά γράμματα για τα κεφάλαια, αραβικούς αριθμούς για τα υποκεφάλαια και μικρά γράμματα για τις ενότητες. Αν διαιρούμε σε μέρη και κεφάλαια, τότε χρησιμοποιούμε κεφαλαία ελληνικά γράμματα για τα μέρη και αραβικούς αριθμούς για τα κεφάλαια.

Α

1

α

β

2

Αν θέλουμε μπορούμε να χρησιμοποιήσουμε, με ανάλογο τρόπο, κεφαλαία λατινικά γράμματα για τα κεφάλαια, λατινικούς αριθμούς για τα υποκεφάλαια και αραβικούς αριθμούς για τις ενότητες.

Οδηγός συγγραφής

A
I
1
2
II

Βραχυγραφίες

Στις επιστημονικές εργασίες χρησιμοποιούνται πολύ συχνά έργα, όπως είναι οι σειρές, τα λεξικά, τα περιοδικά, των οποίων οι τίτλοι επικράτησε να αναφέρονται με συντομία για οικονομία χώρου. Πρόκειται για συντετμημένους τίτλους που έχουν καθιερωθεί στη διεθνή βιβλιογραφία. Αν χρησιμοποιούμε κατ' επανάληψιν τέτοια έργα στη μελέτη μας, τότε θα κάνουμε έναν πίνακα με τις βραχυγραφίες των συγκεκριμένων έργων όπου και θα τις αναλύουμε (διευκρίνιση: είτε πούμε βραχυγραφίες είτε συντομογραφίες είναι το ίδιο πράγμα). Αριστερά θα γράψουμε τον συντετμημένο τίτλο και δίπλα δεξιά τον πλήρη τίτλο.

Π.χ.:

ΘΗΕ	Θρησκευτική και Ηθική Εγκυκλοπαίδεια
EO	Échos d' Orient
REB	Revue des Études Byzantines
PG	Patrologia Graeca

Ο κατάλογος των βραχυγραφιών είναι καλύτερα να βρίσκεται κοντά στη βιβλιογραφία. Αν επιλέξουμε να βάλουμε τη βιβλιογραφία στο τέλος, τότε τις βραχυγραφίες πρέπει να τις αναλύσουμε στην αρχή πριν την εισαγωγή.

Βιβλιογραφία

Η βιβλιογραφία είναι ένας πλήρης κατάλογος, όλων των βιβλιογραφικών αναφορών που κάναμε στο κείμενο της εργασίας μας, δηλαδή των πηγών, των μονογραφιών και των άρθρων που χρησιμοποιήσαμε. Δεν επιτρέπεται να συμπεριλαμβάνουμε στη βιβλιογραφία μας τίτλους έργων που δεν μελετήσαμε και συνεπώς δεν χρησιμοποιήσαμε. Ο πίνακας της βιβλιογραφίας μπαίνει στην αρχή πριν από την εισαγωγή ή στο τέλος μετά από τα συμπεράσματα.

Τη βιβλιογραφία μπορούμε να την χωρίσουμε σε ειδική και γενική ή σε πηγές και βοηθήματα. Η διαίρεση σε πηγές και βοηθήματα είναι αυτή που σήμερα σχεδόν επικρατεί. Ως πηγές χαρακτηρίζονται τα αρχαία κείμενα, τα αρχεία, οι συνεντεύξεις και γενικά το πρωτογενές υλικό. Βοηθήματα είναι όσα βιβλία μας βοηθούν να αξιοποιήσουμε το υλικό των πηγών, γιατί ασχολούνται με τα ίδια ή παρεμφερή θέματα. Αν στην εργασία μας χρησιμοποιούμε και πηγές και βοηθήματα, τότε θα συντάξουμε δύο βιβλιογραφικούς πίνακες.

Υπάρχουν διάφοροι τρόποι παρουσίασης της βιβλιογραφίας: α) την χωρίζουμε κατά κεφάλαια με αλφαβητική παρουσίαση των συγγραφέων· β) γράφουμε τα ονόματα των συγγραφέων με τη σειρά που χρησιμοποιήσαμε τα έργα τους για να παραπέμψουμε μέσα στο κείμενο μας, με αριθμητική σειρά· γ) με χρονολογική σειρά με βάση το έτος έκδοσης των έργων· δ) με θεματικές κατηγορίες, όπου και πάλι τα ονόματα των συγγραφέων μπαίνουν με σειρά αλφαβητική ή χρονολογική.

Όμως, ο πιο συνηθισμένος, πρακτικός, απλός και εύκολος τρόπος είναι να παραθέτουμε τα έργα που χρησιμοποιήσαμε με αλφαβητική σειρά, σύμφωνα με το επίθετο του συγγραφέα ή του εκδότη.

Αν χρησιμοποιούμε ελληνικά και ξένα βοηθήματα μπορούμε να συντάξουμε έναν ενιαίο βιβλιογραφικό πίνακα, όπου όλα τα ταξινομούμε με βάση το λατινικό αλφάβητο. Αυτό όμως δημιουργεί προβλήματα, διότι η ενοποίηση από τη μια πλευρά δίνει μια αίσθηση ακαταστασίας και από την άλλη πλευρά δεν είναι ποτέ απόλυτα επιτυχής. Είναι προτιμότερη η ξεχωριστή παράθεση της ελληνικής και της ξένης βιβλιογραφίας.

Στη βιβλιογραφία αναγράφουμε τα βιβλιολογικά στοιχεία με τον εξής τρόπο: επώνυμο και όνομα συγγραφέα, τίτλος έργου, τόπος έκδοσης: εκδότης χρόνος έκδοσης. Αν ο συγγραφέας χρησιμοποιεί και το αρχικό από το πατρώνυμό του, τότε αυτό το σημειώνουμε μετά τό όνομά του. Δεν βάζουμε τους αριθμούς των σελίδων όταν πρόκειται για αυτοτελές βιβλίο, όμως βάζουμε αριθμούς σελίδων ή στηλών όταν πρόκειται για άρθρο ή λήμμα.

Όταν ένας συγγραφέας έχει γράψει περισσότερα από ένα βιβλία, είναι προτιμότερο να επαναλαμβάνουμε το όνομά του και να μην βάζουμε παύλα. Τα βιβλία του ίδιου συγγραφέα τα παραθέτουμε με χρονολογική σειρά με βάση το έτος έκδοσης και προχωράμε από τα παλαιότερα προς τα νεότερα.

Αν ο ίδιος συγγραφέας έχει γράψει βιβλία μαζί με άλλους, πρώτα βάζουμε τα βιβλία που είναι αποκλειστικά δικά του και μετά αυτά που έγραψε μαζί με τους άλλους. Στην περίπτωση που το όνομά του δεν είναι πρώτο και πάλι κρατάμε την αλφαβητική σειρά με οδηγό όμως τα επίθετα των δεύτερων συγγραφέων.

Έργα στα οποία δεν αναφέρεται ο συγγραφέας ούτε υπάρχει επιμελητής έκδοσης, τα ταξινομούμε αλφαβητικά με βάση το αρχικό γράμμα του τίτλου τους.

Εισαγωγή

Η εισαγωγή είναι απαραίτητη γιατί προετοιμάζει τον αναγνώστη, τον εισάγει στον προβληματισμό μας, τον κατατοπίζει για τη σημασία του θέματος μέσα σε ένα ευρύτερο γνωστικό πεδίο, τον πληροφορεί για τα βασικά ζητήματα που εξετάζει η μελέτη μας και είναι καλό να την συντάξουμε με τέτοιο τρόπο ώστε να διεγείρει το ενδιαφέρον του. Εκτός αυτού, επειδή με την εργασία μας πρόκειται να κριθούμε, πρέπει να είμαστε πολύ προσεκτικοί και επιμελείς ως προς το περιεχόμενο και τη δομή της. Στο στάδιο του σχεδιασμού είχαμε γράψει μια εισαγωγή, η οποία τώρα θα πάρει την τελική μορφή της. Πρώτα, θα κάνουμε αναφορά στην αφορμή της επιλογής του θέματος. Έπειτα, υπογραμμίζουμε την έλλειψη ή την ανεπάρκεια στην επιστήμη για το θέμα μας και αν στο παρελθόν ασχολήθηκαν και άλλοι με το ίδιο θέμα κάνουμε μια ιστορική ανασκόπηση της πορείας, την οποία ακολούθησε η έρευνα. Στη συνέχεια, θέτουμε με σαφήνεια το πρόβλημα, το οποίο οριοθετούμε, αναφερόμαστε στα κριτήρια με τα οποία έγινε η επιλογή του υλικού και περιγράφουμε τη μέθοδο που πρόκειται να ακολουθήσουμε. Τέλος, κλείνουμε την εισαγωγή με μια σύντομη αναφορά στην πορεία της έρευνάς μας και στη διάρθρωση του κειμένου (διαίρεση σε μέρη, κεφάλαια, υποκεφάλαια).

Κύριο Μέρος
Είναι ο κορμός της μελέτης μας. Περιλαμβάνει τα κεφάλαια και τα υποκεφάλαια έτσι όπως τα αναφέραμε στα περιεχόμενα. Οφείλουμε να δώσουμε μεγάλη προσοχή στους τίτλους, οι οποίοι πρέπει να είναι σύντομοι, σαφείς και να αποδίδουν επιγραμματικά το περιεχόμενο του κεφαλαίου ή του υποκεφαλαίου. Δεν χρησιμοποιούμε ως τίτλους ερωτήσεις ή προτάσεις από το κείμενο.

Ελένη Κατή

Επίλογος ή Συμπεράσματα

Κάθε επιστημονικό κείμενο τελειώνει με την καταγραφή των γενικών συμπερασμάτων της έρευνας. Στον επίλογο συνοψίζουμε τα θέματα με τα οποία ασχοληθήκαμε, ανακεφαλαιώνουμε και αναφέρουμε λιτά τα εξαγόμενα συμπεράσματα. Εδώ, πρέπει να οδηγήσουμε τον αναγνώστη στην άποψη ότι το σκοπό που θέσαμε τον έχουμε επιτύχει. Σε καμία περίπτωση δεν πρέπει στον επίλογο να θίγουμε θέματα με τα οποία δεν ασχοληθήκαμε στο κύριο μέρος της εργασίας.

Παράρτημα

Πολλές φορές το περιεχόμενο του θέματος, το οποίο ερευνούμε, επιβάλλει να συμπεριλάβουμε και πρόσθετο υλικό, το οποίο καταχωρούμε σε παράρτημα. Πρόκειται στοιχεία που μπορεί να έχουν αξία, αλλά δεν τα εντάσσουμε στο κύριο μέρος για να μην διασπάσουν την ενότητα του κειμένου μας, καθώς δεν υπηρετούν άμεσα το σκοπό της μελέτης μας, αλλά είναι ενισχυτικά. Τα στοιχεία που αναφέρουμε στο παράρτημα δεν πρέπει να εμφανίζονται εκεί για πρώτη φορά, αλλά να έχουμε κάνει λόγο για αυτά μέσα στο κείμενο.

Σε παράρτημα μπορούμε να βάλουμε εικόνες, χάρτες, πίνακες, έγγραφα, χρονολογικούς πίνακες, ερμηνευτικούς κώδικες, φωτογραφικό υλικό, φωτοτυπίες τεκμηρίων, ξενόγλωσσα κείμενα, σχήματα, διαγράμματα κ.ά.. Αν είναι λίγα, μπορούμε να τα ενσωματώσουμε στο κείμενο με σχετικές και αριθμημένες λεζάντες και να μην κάνουμε παράρτημα. Αν είναι πολλά και λόγω της έκτασης και της φύσης τους δεν μπορούν να ενσωματωθούν στο κείμενο. Τότε το υλικό αυτό το καταχωρούμε σε παράρτημα με σχετικές λεζάντες αριθμημένες. Καλό είναι να υπάρχει στο τέλος και ένας κατάλογος των πινάκων που συνοδεύουν το κείμενο και ο αντίστοιχος αριθμός κάθε εικόνας, χάρτη ή πίνακα παρεμβάλλεται στη ροή του κειμένου. Π.χ.: Έχουν σωθεί φορολογικές καταγραφές για τους καζάδες της Μακεδονίας κατά την τουρκοκρατία (πίν.1).

Αν στο παράρτημα χρησιμοποιούμε στοιχεία, λόγου χάρη χάρτες της Κρήτης από την εποχή της ενετοκρατίας από συγκεκριμένες βιβλιογραφικές πηγές, τότε πρέπει να βάζουμε και τις ανάλογες παραπομπές.

Λημματικός κατάλογος

Είναι χρηστικό, στο τέλος του έργου μας, να υπάρχει και ένας λημματικός κατάλογος, δηλαδή ένα ευρετήριο ονομάτων και πραγμάτων. Μπορούμε να κάνουμε ένα ενιαίο ή δύο ξεχωριστά ευρετήρια. Το ευρετήριο ονομάτων θα περιλαμβάνει όλα τα κύρια ονόματα και το ευρετήριο πραγμάτων όλους τους βασικούς και ειδικούς όρους, οι οποίοι αναφέρονται στην εργασία μας. Την καταχώρηση στα ευρετήρια την κάνουμε με αλφαβητική σειρά και μετά την οριστική σελιδοποίηση της εργασίας μας διότι μας είναι απαραίτητος ο αριθμός των σελίδων.

Ελένη Κατή

Αυτήν την εργασία μπορούμε να την κάνουμε στον υπολογιστή με την εντολή *Εισαγωγή Ευρετηρίου* ή με το χέρι. Στη δεύτερη περίπτωση διαβάζουμε όλο το κείμενο από την εισαγωγή μέχρι το τέλος και υπογραμμίζουμε, σε κάθε σελίδα και στις παραπομπές και στις υποσημειώσεις, όλα τα ονόματα με το ίδιο χρώμα στυλό και όλα τα πράγματα με άλλο χρώμα στυλό. Στη συνέχεια, παίρνουμε ένα δελτίο ή ένα χαρτί και γράφουμε το όνομα και τον αριθμό της σελίδας ή των σελίδων που το βρίσκουμε. Αυτό το κάνουμε για όλα τα ονόματα και τα πράγματα που υπογραμμίσαμε. Έπειτα, χωρίζουμε τα δελτία με τα ονόματα από τα δελτία με τα πράγματα και τα τοποθετούμε κατ' αλφαβητική σειρά. Τέλος, συντάσσουμε τα ευρετήριά μας, κατά απόλυτη αλφαβητική σειρά, γράφοντας αριστερά το όνομα ή το πράγμα και μετά τους αριθμούς των σελίδων.

Εξώφυλλο

Αυτή η εργασία είναι το προϊόν των κόπων μας και έχουμε χρέος πρώτα-πρώτα απέναντι στον εαυτό μας να επιμεληθούμε και την εμφάνισή της, η οποία πρέπει να είναι καλαίσθητη.

Αφού ολοκληρώσαμε όλα τα προηγούμενα στάδια, είναι απαραίτητο να φροντίσουμε και για το εξώφυλλο της εργασίας μας. Το χαρτί του εξωφύλλου πρέπει να είναι διαφορετικό από αυτό των σελίδων του κειμένου για λόγους αισθητικής και ορισμένης αντοχής. Στο εξώφυλλο θα γράψουμε όλα εκείνα τα στοιχεία που θα ζητήσει ενδεχομένως η γραμματεία. Αν την εργασία μας θέλουμε να την καταθέσουμε ως διπλωματική ή ως διδακτορική διατριβή θα πρέπει να φροντίσουμε να πληροφορηθούμε από τη γραμματεία της σχολής μας αν απαιτείται συγκεκριμένος τρόπος αναγραφής των στοιχείων στο εξώφυλλο ή αν απαιτούνται και άλλα προκαθορισμένα στοιχεία (π.χ. *Εργασία που υποβλήθηκε…*). Πάντως, σε μια διπλωματική τα στοιχεία που πρέπει οπωσδήποτε να υπάρχουν στο εξώφυλλο είναι ο τίτλος της εργασίας με κεφαλαία γράμματα λίγο πάνω από το κέντρο της σελίδας, λίγα εκατοστά πιο κάτω το ονοματεπώνυμό μας και πιο κάτω το ονοματεπώνυμο του σύμβουλου-καθηγητή.

Σε κάθε άλλη περίπτωση, στην κορυφή της σελίδας γράφουμε το ονοματεπώνυμό μας σε πτώση ονομαστική, λίγο πιο πάνω από το κέντρο της σελίδας γράφουμε τον τίτλο με κεφαλαία γράμματα και χωρίς εισαγωγικά και στο κάτω μέρος της σελίδας γράφουμε την πόλη και δίπλα ή λίγο πιο κάτω το έτος. Σε κανένα από τα στοιχεία του εξώφυλλου δεν βάζουμε τελεία.

Β. Προτάσεις για υποσημειώσεις και βιβλιογραφικές παραπομπές

Μια επιστημονική εργασία δεν μπορεί να είναι ένα απλό κείμενο όπου απλώς εκθέτουμε γεγονότα, απόψεις, ιδέες. Αναπόφευκτη είναι η χρήση υποσημειώσεων και βιβλιογραφικών παραπομπών. Βέβαια, κατά κυριολεξία και τα δύο είναι σημειώσεις και μάλιστα υποσημειώσεις, εάν γράφονται στο κάτω μέρος της σελίδας.

Για τεχνικούς λόγους κάνουμε ένα διαχωρισμό, σύμφωνα με τον οποίο τις σημειώσεις που σχολιάζουν και επεξηγούν το κείμενο τις ονομάζουμε απλά σημειώσεις ή υποσημειώσεις, αν είναι υποσελίδιες, ενώ τις σημειώσεις που παραπέμπουν σε άλλους συγγραφείς τις ονομάζουμε βιβλιογραφικές παραπομπές, με τη διαφορά ότι μπορούμε να παρεμβάλλουμε βιβλιογραφικές παραπομπές ακόμη και μέσα στις επεξηγηματικές υποσημειώσεις μας, για να αναφέρουμε που μπορεί ο αναγνώστης να βρει βιβλιογραφία για τα διάφορα ειδικά θέματα που του παρουσιάζουμε.

Είναι απαραίτητο να κατανοήσουμε, κατά πρώτο λόγο, τη λειτουργία και τη χρησιμότητα της παραπομπής. Μπορούμε να πούμε ότι η παραπομπή λειτουργεί, κατά κάποιο τρόπο, όπως το αλφαβητάρι που οδηγεί στο σχηματισμό των λέξεων της γλώσσας και με τις λέξεις αποκαλύπτονται τα νοήματα, όπως η προπαίδεια που οδηγεί στις πράξεις της αριθμητικής και με τις πράξεις λύνονται τα προβλήματα. Έτσι, με τις παραπομπές προσανατολίζουμε τον αναγνώστη σε κείμενα που του καθιστούμε γνωστά, ώστε να ξεδιπλωθεί εμπρός του ένα βιβλιογραφικό πεδίο για θέματα που θίγουμε και συγχρόνως με τον τρόπο αυτό αφήνουμε ανοικτά σε κάθε έλεγχο και όσα εμείς αναφέρουμε μέσα από αυτά τα κείμενα.

Οι παραπομπές είναι τα στοιχεία ταυτότητας του βιβλίου. Μας πληροφορούν ποιος συνέγραψε, τι συνέγραψε, πού και πότε. Όπως ακριβώς η ταυτότητα ενός προσώπου μας πληροφορεί ποιος είναι (ονοματεπώνυμο), με τι ασχολείται (επάγγελμα), πού γεννήθηκε και πότε.

Οι παραπομπές είναι ένας κώδικας επικοινωνίας. Με τη χρήση αυτού του κώδικα επικοινωνεί ο συγγραφέας με τον αναγνώστη για να τον πληροφορήσει πού ακριβώς βρίσκεται αυτό για το οποίο κάνει λόγο. Ο συγγραφέας μιας εργασίας αναφερόμενος σε κάποιον άλλο συγγραφέα κάνει τις «συστάσεις» απευθυνόμενος στον αναγνώστη του, όπως ακριβώς θα έκανε για ένα φυσικό πρόσωπο. Αν υποθέσουμε ότι κάποιος γράφει για τη Μακεδονία κατά την αρχαιότητα και δεν κατέχει αυτόν τον κώδικα επικοινωνίας, αυτή τη «μυστική» γλώσσα, θέλει όμως να πληροφορήσει τον αναγνώστη του ότι αυτά που αναφέρει για την περιοχή της Θεσσαλονίκης το άντλησε από κάπου αλλού, τι θα μπορούσε να κάνει; Θα έπρεπε να πει με απλά λόγια στον αναγνώστη του: αγαπητέ μου αναγνώστη αυτό που διαβάζεις τώρα δεν αποτελεί εύρημα δικής μου αρχαιολογικής έρευνας, αλλά το διάβασα στο βιβλίο «Ο Ελληνισμός της αρχαίας Μακεδονίας» στη σελίδα 47, που έγραψε ο Απ. Β. Δασκαλάκης και το εξέδωσε στην Αθήνα το 1960.

Επειδή λοιπόν, όταν συγγράφουμε, καταφεύγουμε πολύ συχνά στις μαρτυρίες άλλων ερευνητών, το γεγονός αυτό μας αναγκάζει να δείξουμε με αντίστοιχες παραπομπές από πού παίρνουμε κάθε ξένο παράθεμα ή άποψη κάποιου άλλου ή πού βρίσκεται αυτό το οποίο περιγράφουμε ή αυτό στο οποίο αναφερόμαστε. Καθώς όμως είναι δύσκολο να λέμε περιφραστικά όλες τις πιο πάνω πληροφορίες και επειδή θέλουμε να γράψουμε μια επιστημονική εργασία και όχι μυθιστόρημα και αφού υπάρχει ένας σύντομος δρόμος που θα μας οδηγήσει στο επιθυμητό αποτέλεσμα, για αυτό είναι ωφέλιμο να μάθουμε απλούς τρόπους παραπομπής, ώστε και επιστημονικά να εργαστούμε και εύκολα να παραπέμπουμε όποτε χρειάζεται.

1. Υποσημειώσεις

Οι υποσημειώσεις αποκαλύπτουν την ευρύτητα της πληροφοριακής μας ενημέρωσης. Είναι το πεδίο όπου μπορούμε να εκφραστούμε πιο ελεύθερα. Σε αυτές είτε επεξηγούμε το δικό μας κείμενο είτε παρουσιάζουμε το υλικό που μας οδήγησε σε μια σκέψη. Ακόμη, σε αυτές αναπτύσσουμε τις απόψεις μας που θεωρούμε ότι βοηθούν στην εμβάθυνση του θέματος και διευρύνουν το νόημα του κειμένου μας, αλλά αν τις βάζαμε μέσα στο κείμενο, θα το φορτώναμε υπέρμετρα εις βάρος του κύριου επιστημονικού στόχου.

Πιο αναλυτικά, αλλά όχι εξαντλητικά, αναφέρουμε στο σημείο αυτό ότι κάνουμε υποσημείωση όταν θέλουμε:

• να προσθέσουμε σημαντικές πληροφορίες ή λεπτομέρειες, οι οποίες σχετίζονται έμμεσα με το θέμα μας και θέλουμε να προσφέρουμε στον αναγνώστη

• να συμπληρώσουμε όσα εκθέτουμε στο κείμενο

• να διευκρινίσουμε όσα σημεία του κειμένου μας το έχουν ανάγκη

• να δώσουμε τις βασικές θέσεις άλλων συγγραφέων

• να αναπτύξουμε απόψεις σύμφωνες ή αντίθετες με αυτές του κειμένου μας

• να παραθέσουμε τους λόγους για τους οποίους αποδεχόμαστε μια ορισμένη άποψη

• να παρουσιάσουμε αντίθετες θέσεις μαζί με τη δική μας κριτική θεώρηση

•να αναφέρουμε αν ισχύουν ή αν είναι ξεπερασμένες κάποιες επιστημονικές θέσεις

•να εκθέσουμε τις αμφιβολίες μας

•να εξετάσουμε την ταύτιση ή τη σύγκρουση των πληροφοριών

•να αποκαταστήσουμε λάθη που εντοπίσαμε στη βιβλιογραφία

•να σχολιάσουμε

•να προβούμε σε παρατηρήσεις, οι οποίες είναι σημαντικές, αλλά τις θεωρούμε περιφερειακές για να τις εντάξουμε στο κείμενο

•να γράψουμε τη μετάφραση ενός παραθέματος, το οποίο έπρεπε μέσα στο κείμενο να το δώσουμε σε ξένη γλώσσα

•να γράψουμε το πρωτότυπο ενός παραθέματος, το οποίο για τη ροή του κειμένου δώσαμε σε μετάφραση

•να εισάγουμε ένα ενισχυτικό παράθεμα χωρίς να χαλάσουμε τη ροή του κειμένου

•να δείξουμε την πηγή ενός παραθέματος

•να προσθέσουμε και άλλες βιβλιογραφικές ενδείξεις για ένα θέμα που συζητούμε στο κείμενο

•να παραπέμψουμε σε κάποιο άλλο βιβλίο από όπου αντλήσαμε μια φράση, μια ιδέα ή μια πληροφορία (εξωτερική παραπομπή)

•να παραπέμψουμε σε άλλο κεφάλαιο της εργασίας μας (εσωτερική παραπομπή).

Ελένη Κατή

Δεν υπάρχουν ορισμένα κριτήρια, τα οποία να επιβάλουν ποια στοιχεία θα βάλουμε σε υποσημείωση, για αυτό η σύνταξή τους απαιτεί προσοχή. Εντούτοις, μπορούμε να πούμε πως ένα γενικό κριτήριο είναι να παρατηρούμε μήπως το περιεχόμενο κάποιας υποσημείωσης αν εντασσόταν σε μια παράγραφο του κυρίως κειμένου, θα διασπούσε την ενότητα του νοήματος της συγκεκριμένης παραγράφου. Ένα άλλο κριτήριο είναι να μην χαθεί η αυτονομία και η ανεξαρτησία του κειμένου της εργασίας μας, δηλαδή πρέπει να μπορεί να σταθεί και χωρίς τις υποσημειώσεις. Ένα τρίτο κριτήριο είναι να μην ζημιώνουμε την πληρότητα του κειμένου, βάζοντας ουσιώδη στοιχεία στις υποσημειώσεις, αλλά και το αντίστροφο, μήπως θέσαμε στο κείμενο κάποιες πληροφορίες που θα έπρεπε να μπουν σε υποσημείωση.

Επίσης, δεν πρέπει να φορτώνουμε το κείμενό μας με περιττές ή ανούσιες υποσημειώσεις. Αν όσα εκθέτουμε στο κείμενο μας είναι πλήρη και κατανοητά, τότε πολλές υποσημειώσεις περιττεύουν. Είναι καλό, αν μπορούμε, να περνάμε μέσα στη ροή του κειμένου τις χρήσιμες πληροφορίες, που ενδεχομένως θα κατεβάζαμε με μεγάλη ευκολία σε μια υποσημείωση, και να περιορίζουμε την παραπομπή μόνο στα βιβλιολογικά της στοιχεία. Το κείμενο αντέχει μια τέτοιου είδους διεύρυνση αρκεί να μην γίνεται σε υπερβολικό βαθμό. Όμως, αυτό είναι κάτι που εξαρτάται από την εμπειρία και την ικανότητά του κάθε συγγραφέα. Οι συχνές και εκτεταμένες υποσημειώσεις γίνονται ενοχλητικές για τον αναγνώστη και τραβούν την προσοχή του κάθε τόσο έξω από το κυρίως κείμενο. Επιπλέον, αποκαλύπτουν την αδυναμία του ερευνητή να αφομοιώσει και να υποτάξει δημιουργικά στο σκοπό του το υλικό που διαχειρίζεται.

Τις υποσημειώσεις άλλοτε μπορούμε να τις περιορίσουμε σε λίγες γραμμές και άλλοτε να τις κάνουμε μεγαλύτερες, ανάλογα με τη φύση και τη σημασία αυτών που αναφέρουμε. Γενικά, πρέπει να αποφεύγουμε τις μακροσκελείς υποσημειώσεις και δεν μπορούν να είναι δυσανάλογα εκτεταμένες σε σχέση με το κύριο κείμενο. Κατά μια γενική εκτίμηση, δεν πρέπει να υπερβαίνουν το μισό της σελίδας, αλλά να αναλογούν περίπου στο ¼ αυτής. Πάντως, η έκταση και η συχνότητά τους πρέπει να βρίσκονται σε συμμετρική σχέση με το μέγεθος του κεφαλαίου όπου ανήκουν.

Οι υποσημειώσεις μπορούν να μπουν στο τέλος της εργασίας ή στο τέλος του κεφαλαίου στο οποίο ανήκουν. Κάτι τέτοιο δεν ενδείκνυται διότι είναι κουραστικό και μάλιστα, όταν οι υποσημειώσεις μπαίνουν στο τέλος του κειμένου, αυτό μάλλον σημαίνει την αχρήστευσή τους· όμως τις υποσημειώσεις και τις παραπομπές τις γράφουμε για να διαβαστούν. Στις επιστημονικές εργασίες ενδείκνυται να είναι υποσελίδιες, πρέπει να απέχουν από το κύριο σώμα του κειμένου μισό έως ένα κενό και για να διακρίνονται από αυτό τυπώνονται με μικρότερα στοιχεία και στενότερο διάστιχο.

Με τη χρήση του υπολογιστή είναι πολύ εύκολο να κάνουμε υποσημειώσεις από τις *Αναφορές* με τη χρήση της εντολής *Εισαγωγή υποσημείωσης*.

Δεν υπάρχουν επιβεβλημένοι κανόνες για το πώς να γράφει κανείς υποσημειώσεις ή για το ποια είναι η σωστή θέση μιας υποσημείωσης. Ορισμένα πράγματα όμως είναι κανόνες απλής λογικής, όπως για παράδειγμα ότι είναι καλό ο δείκτης για την υποσημείωση να τοποθετείται σε κάποιο σημείο του κειμένου, όπου έτσι και αλλιώς κόβεται η αναπνοή, δηλαδή στο τέλος μιας παραγράφου ή μετά από τελεία, ή έστω μετά από κόμμα. Κάθε φορά θα πρέπει να μπαίνουμε στη θέση του αναγνώστη, μόνον έτσι θα αποφύγουμε πολλά σφάλματα γραφής. Κατά τα άλλα, γενικοί κανόνες δεν υπάρχουν, απλά ο καθένας επιλέγει κάποιες λύσεις από κάποιες άλλες.

2. Βιβλιογραφικές παραπομπές

Πολλές φορές, στην εργασία μας θα χρειαστεί να συμπεριλάβουμε απόψεις και θέσεις άλλων ερευνητών όχι κατά λέξη, αλλά να τις αποδώσουμε με δικά μας λόγια με σκοπό να στηρίξουμε τα επιχειρήματά μας ή να κρίνουμε πληροφορίες και να αντιπαραθέσουμε δικές μας απόψεις, όταν δεν συμφωνούμε με τις απόψεις άλλων ερευνητών. Ακόμη, μπορεί να χρειαστεί να παραθέσουμε κατά λέξη και μέσα σε εισαγωγικά τις απόψεις κάποιου άλλου. Αυτό στη γλώσσα της επιστημονικής τεχνογραφίας ονομάζεται *παραπομπή*.

Οδηγός συγγραφής

Οι παραπομπές αποτελούν ουσιώδες συμπλήρωμα μιας επιστημονικής εργασίας και μπαίνουν σε υποσημείωση.

Οι παραπομπές πρέπει να γίνονται με περισσή επιμέλεια ώστε να δίνουν ακριβείς λεπτομέρειες των πηγών που χρησιμοποιήσαμε. Είναι απαραίτητη αυτή η «βιβλιογραφική τεκμηρίωση» όχι μόνο για να στηρίξουμε τα όσα διατυπώνουμε, όχι μόνο για να πείσουμε τον αναγνώστη ότι κάπου στηριζόμαστε, αλλά και για να τον πληροφορήσουμε πού μάθαμε αυτά που του λέμε. Με τον τρόπο αυτό και τους άλλους ερευνητές τιμάμε, παραπέμποντας στα έργα τους, και τον εαυτό μας προφυλάσσουμε από απερίσκεπτες πράξεις που μπορεί να μας εκθέσουν. Ως συγγραφείς έχουμε την υποχρέωση και την ευθύνη να αναφέρουμε με ακρίβεια από πού παίρνουμε τις πληροφορίες που χρησιμοποιούμε, χωρίς να οικειοποιούμαστε το έργο των άλλων. Αυτός είναι κανόνας ηθικής και επιστημονικής δεοντολογίας. Σε καμία περίπτωση δεν είναι θεμιτό να προβαίνουμε σε τέτοιου είδους λογοκλοπές. Άλλωστε, εργασία που δεν αναφέρει τις πηγές της δεν θεωρείται αξιόπιστη επιστημονικά και η κλοπή ξένης πνευματικής ιδιοκτησίας μπορεί να επισύρει ακόμη και την απόρριψη της εργασίας μας.

Από την άλλη, δεν χρειάζεται να υπερβάλουμε στην παράθεση συγγραφέων στους οποίους παραπέμπουμε για να βεβαιώσουμε την εγκυρότητα των όσων λέμε. Δεν πρέπει να πέσουμε στην παγίδα να παραπέμπουμε μανιωδώς για το κάθε τι είτε από έναν κακώς νοούμενο επαγγελματισμό είτε ακόμα και από μια τάση επίδειξης γνώσεων. Σημαντικό είναι να αποκτήσουμε μια αίσθηση ισορροπίας κατά την παρουσίαση των αναφορών στις πηγές μας έτσι ώστε να αποφύγουμε τον πειρασμό της οικειοποίησης και προβολής ως δικών μας των απόψεων άλλων και από την άλλη την υπερβολή των συνεχών παραπομπών, ακόμη και για τα προφανή, που κουράζουν τον αναγνώστη χωρίς να προσθέτουν κάτι στην επιχειρηματολογία μας.

Συνεπώς, η χρήση παραπομπών πρέπει να γίνεται με μέτρο. Οι λίγες παραπομπές δυσκολεύουν τον έλεγχο των θέσεων μας και δημιουργούν αμφιβολίες για την αξιοπιστία και το κύρος των όσων γράφουμε. Οι πολλές παραπομπές παραφορτώνουν την εργασία και δημιουργείται η εντύπωση ότι δεν έχουμε να πούμε κάτι δικό μας και για αυτό καταφεύγουμε συνέχεια στους άλλους. Επίσης, η συνεχόμενη και απανωτή παράθεση της βιβλιογραφίας στις παραπομπές είτε από αδεξιότητα είτε από μια τάση επίδειξης απλά δυσκολεύει τον αναγνώστη να παρακολουθήσει τη ροή του κειμένου μας.

Ωστόσο, επειδή πλήρης απαλοιφή των παραπομπών δεν μπορεί να γίνει, θα πρέπει να έχουμε πάντα στο νου μας ότι το μάτι του αναγνώστη κάθε φορά που φτάνει σε ένα δείκτη υποσημείωσης σκαλώνει και δεν ξέρει τι να διαλέξει: τη ροή του κειμένου ή την πληροφορία που κρύβει ο αριθμός; Στο σημείο αυτό κόβεται απότομα ο ρυθμός της ανάγνωσης. Συνεπώς, πρέπει να φροντίσουμε ώστε να δένει ομαλά η υποσημείωση με το σώμα του κειμένου μας, αλλιώς η εναλλαγή θα κουράσει το μάτι, θα διασπάσει την προσοχή και θα απωθήσει τον αναγνώστη. Πάντως, η αξία τους είναι μεγάλη και για το συγγραφέα και για τον αναγνώστη. Μας προφυλάσσουν από τη λογοκλοπή, μπορούμε να καταστήσουμε αντικειμενικότερα τα όσα υποστηρίζουμε και επιδρούν θετικά στον αναγνώστη, ο οποίος εκτιμά την ειλικρίνεια και την ακρίβειά μας. Επίσης, μπορούν να βοηθήσουν τον αναγνώστη να διευρύνει τις γνώσεις του, αφού οι παραπομπές τον κατευθύνουν προς άλλα συναφή κείμενα, στα οποία μπορεί να ανατρέξει. Τέλος, διευκολύνουν τους ειδικότερους μελετητές και ερευνητές στις δικές τους βιβλιογραφικές αναζητήσεις.

Τη διάκριση μεταξύ βιβλιογραφικών παραπομπών και επεξηγηματικών υποσημειώσεων θα την κάνουμε εμείς. Δεν υπάρχουν κανόνες. Τους κανόνες τους θέτουμε εμείς. Αρκεί να έχουμε κατά νου ότι στις βιβλιογραφικές παραπομπές οφείλουμε να δίνουμε στον αναγνώστη τα απαραίτητα βιβλιολογικά στοιχεία για το πού θα βρει τις γνώμες και τις απόψεις άλλων ερευνητών. Για αυτό πρέπει να είναι απόλυτα σαφείς, ακριβείς και ταυτόχρονα κατατοπιστικές ώστε να μπορεί να βρει αμέσως το έργο και τη σελίδα, όπου τον παραπέμπουμε, την πηγή δηλαδή των συγκεκριμένων απόψεων ή πληροφοριών που αναφέρουμε. Αυτή άλλωστε είναι και η έννοια της λέξης «παραπομπή».

Ελένη Κατή

Η παραπομπή γίνεται με την εισαγωγή στο κείμενο ενός αριθμού-εκθέτη στο συγκεκριμένο σημείο που αντλούμε από άλλο έργο ή πηγή και ταυτόχρονα στο κάτω μέρος της ίδιας σελίδας με τον ίδιο αριθμό-εκθέτη κάνουμε την υποσημείωση που θέλουμε, όπου αναγράφουμε και τα πλήρη στοιχεία της αρχικής πηγής ή του έργου και μπορούμε προσθέσουμε και σχόλια, τα οποία δεν θέλουμε να συμπεριλάβουμε στο κυρίως κείμενο. Αυτός είναι ο κλασικός, ο παραδοσιακός τρόπος και αυτόν συνήθως ακολουθούμε στις μεταπτυχιακές εργασίες.

Όταν στην ίδια παραπομπή χρησιμοποιούμε διάφορους συγγραφείς, οι οποίοι πραγματεύονται το ίδιο ζήτημα, τους σημειώνουμε με βάση τη χρονολογική σειρά που δημοσιεύτηκαν τα έργα τους, αρχίζοντας από τα παλαιότερα και καταλήγοντας στα νεότερα. Αν τα έργα δημοσιεύτηκαν το ίδιο έτος, τότε τους τοποθετούμε με βάση την αλφαβητική σειρά των ονομάτων τους. Εάν θέλουμε να παραπέμψουμε για το ίδιο ζήτημα σε περισσότερα έργα του ίδιου συγγραφέα, είναι καλό να τα αναφέρουμε ξεκινώντας από το παλαιότερο προς το νεότερο.

Όμως, αρκετά συχνά πια συναντάμε και στα ελληνικά κείμενα έναν σύγχρονο τρόπο, ένα νέο μοντέλο, το οποίο είναι γνωστό ως «σύστημα παραπομπών του Χάρβαρντ». Σύμφωνα με αυτόν τον σύγχρονο τρόπο, η παραπομπή ενσωματώνεται μέσα στο κείμενο και ακριβώς μετά από το σημείο το οποίο αντλήθηκε από άλλη πηγή, μπαίνει μια παρένθεση μόνο με το επίθετο του συγγραφέα, το έτος της έκδοσης του βιβλίου ή της δημοσίευσης του άρθρου και τον αριθμό της σελίδας ή των σελίδων π.χ. (Αναστασίου, 1983, 25). Αν χρησιμοποιούμε διάφορα βιβλία του ίδιου συγγραφέα με διαφορετικό χρόνο έκδοσης, τότε γράφουμε πρώτα το βιβλίο με την παλαιότερη χρονολογία έκδοσης και προχωράμε στα νεότερα. Αν η χρονολογία δεν επαρκεί για να διακριθούν οι μελέτες επειδή ο συγγραφέας έχει περισσότερες δημοσιεύσεις κατά το ίδιο έτος και τις οποίες έχουμε εντάξει στη βιβλιογραφία μας, τότε προσθέτουμε ένα γράμμα δίπλα στο έτος για να διαφοροποιήσουμε τη χρονολογία π.χ. 1983α. Τα πλήρη στοιχεία των έργων τα καταγράφουμε στον κατάλογο της Βιβλιογραφίας, τον οποίο θα έχουμε στο τέλος ή στην αρχή της εργασίας μας, σε αλφαβητική σειρά με βάση το πρώτο γράμμα του επιθέτου του συγγραφέα.

Το πλεονέκτημα αυτού του τρόπου είναι η συντομία και η αποφυγή της υποσελίδιας σημείωσης. Το σοβαρό μειονέκτημα είναι ότι αυτές οι παρενθέσεις που εισάγονται μέσα στο κείμενο μπορούν να γίνουν ενοχλητικές για τον αναγνώστη, ιδιαίτερα, όταν σε ένα σημείο θα πρέπει να αναφερθούν περισσότερες από δύο ή τρεις πηγές. Επίσης, ο αναγνώστης μπορεί να δυσανασχετεί επειδή ενδεχομένως δεν θα μπορεί να αναγνωρίσει αμέσως τι σημαίνει το (Αναστασίου, 1983, 25) και θα ήθελε να έχει μπροστά στα μάτια του τη ζωντανή σχέση της πληροφορίας με την πηγή.

Η αρίθμηση των σημειώσεων μπορεί να γίνει με διάφορους τρόπους. Ένας τρόπος είναι να γίνει η αρίθμηση κατά κεφάλαιο, οπότε σε κάθε κεφάλαιο αρχίζει από το 1. Οι σημειώσεις μπορούν να μπουν αμέσως μετά το τέλος του κεφαλαίου ή στο τέλος της εργασίας. Σε αυτή την περίπτωση όμως, συνήθως δύσκολα διαβάζονται και φυσικά δεν θα λέγονται υποσημειώσεις, αλλά σημειώσεις.

Άλλος τρόπος είναι να γίνει η αρίθμηση κατά σελίδα. Αυτό το σύστημα είναι εύχρηστο, αλλά παρουσιάζει δυσκολίες στη σελιδοποίηση. Τα πλεονεκτήματα είναι ότι μπορούμε εύκολα να προσθέσουμε νέα παραπομπή και δεν φτάνουμε σε μεγάλους αριθμούς. Οι μεγάλες παραπομπές στην περίπτωση αυτή θα πάνε αναγκαστικά και στην άλλη σελίδα, αλλά χωρίς να ξαναγράψουμε τον αριθμό τους.

Ένας τρίτος τρόπος είναι να γίνει είναι ενιαία αρίθμηση των δεικτών των βιβλιογραφικών παραπομπών και των υποσημειώσεων. Αυτός ο τρόπος ενδείκνυται για μικρές εργασίες, εισηγήσεις κι άρθρα σε περιοδικά. Σε μεγάλες εργασίες δημιουργεί πρόβλημα γιατί αν θέλουμε να προσθέσουμε μια παραπομπή, πρέπει να αλλάξουμε όλη την αρίθμηση.

Σήμερα συναντάμε ένα νέο τρόπο παράθεσης των βιβλιογραφικών παραπομπών σε σύντμηση και ποτέ ολόκληρες ούτε καν την πρώτη φορά που αναφέρεται το έργο. Αυτό όμως σημαίνει ότι στη Βιβλιογραφία θα πρέπει να παραθέτουμε πρώτα τη σύντμηση με την οποία αναφέρουμε το έργο στις παραπομπές και κατόπιν θα γράφουμε όλα τα στοιχεία του βιβλίου.

Εμείς στην εργασία μας είναι προτιμότερο να χρησιμοποιήσουμε τις υποσελίδιες σημειώσεις με αρίθμηση κατά κεφάλαιο και να προσπαθήσουμε, στο μέτρο του δυνατού, οι υποσημειώσεις και παραπομπές, οι οποίες αναφέρονται σε μια σελίδα του σώματος του κειμένου μας, να βρίσκονται και αυτές στην ίδια σελίδα. Επίσης, θα είναι καλύτερα να παραπέμπουμε με τον κλασσικό τρόπο γράφοντας τα στοιχεία του βιβλίου για να μην δυσκολευτούμε.

Στις υποσημειώσεις πρέπει να γράφουμε πρώτα το όνομα του συγγραφέα ολόκληρο ή συγκεκομμένο και μετά το επίθετο. Πρέπει να προσέξουμε όμως όταν θα συντάσσουμε τον κατάλογο της Βιβλιογραφίας, γιατί εκεί μπαίνει πρώτα το επίθετο και μετά το όνομα για να γίνει η αλφαβητική ταξινόμηση.

Τέλος, έχουμε να επισημάνουμε ότι η ακριβής αρίθμηση, η ακριβής τοποθέτηση και η παρουσίαση των παραπομπών με ένα ενιαίο σύστημα φανερώνουν την επιμέλεια του συντάκτη τους.

Γ. Τεχνογραφία

Τα βιβλιολογικά στοιχεία των παραπομπών πρέπει να είναι απλά και σαφή, διότι τότε ο αναγνώστης διαβάζει τις παραπομπές πιο εύκολα, δηλαδή διακρίνει γρήγορα το συμβολισμό, δεν σταματάει σε αυτόν και έτσι η ανάγνωσή του κυλάει αβίαστα.

Παρακάτω παρουσιάζονται προτάσεις ανά περίπτωση, δίνονται εναλλακτικές λύσεις και αναλύονται συμβολισμοί. Πρόκειται για έναν απλό, ορθό και παραδεκτό τρόπο παραπομπής, ο οποίος όμως δεν είναι ο μοναδικός. Είναι απλά ένα σύστημα, για αυτό δίνονται και διάφορες εναλλακτικές λύσεις. Δεν είναι υποχρεωτικό και ασφαλώς δεν είναι μοναδικό. Με την προϋπόθεση πως όποιον τρόπο και αν αποδεχθούμε, θα πρέπει να τον τηρήσουμε σταθερά σε όλο το κείμενο από την αρχή μέχρι το τέλος.

Φυσικά, υπάρχουν κάποιοι βασικοί κανόνες, οι οποίοι πρέπει να τηρούνται σε όλη την έκταση της εργασίας μας, αλλά έχει κανείς το περιθώριο να επιλέξει αν θα γράφει π.χ. για τον τόμο τόμ. ή τ. και για το τεύχος τεύχ. ή τχ.. Επίσης, για την αναφορά των σελίδων μπορεί κανείς να επιλέξει πως θα τις παραθέτει. Έτσι, άλλοι βάζουν σελ. και αριθμό, άλλοι σ. και αριθμό και κάποιοι σήμερα δεν βάζουν καθόλου την ένδειξη σελ. ή σ. παρά μόνο τους αριθμούς των σελίδων. Άλλοι πάλι χρησιμοποιούν το σελ. ή σ. μόνο όταν πρόκειται για σελίδες με ελληνική ή λατινική αρίθμηση για να μην γίνεται σύγχυση. Όσο για το σσ., αν είναι πολλές οι σελίδες, αυτό θεωρείται πια από πολλούς περιττό και ξεπερασμένο. Πάντως ο γενικός κανόνας είναι ότι:

Αν παραπέμπουμε σε πολλές διαφορετικές σελίδες τις χωρίζουμε με κόμμα.
Π.χ.: σελ. 5, 7, 23.

Αν παραπέμπουμε σε πολλά διαφορετικά σύνολα σελίδων τα χωρίζουμε με κόμμα.
Π.χ.: σσ. 273-275, 414-428.

Αυτού του είδους τις επιλογές πρέπει να τις κάνουμε από την αρχή, ώστε σε όλη την εργασία να ακολουθούμε την ίδια τακτική και όχι να παραθέτουμε πότε έτσι και πότε αλλιώς. Οφείλουμε να χρησιμοποιούμε έναν τρόπο και να μην παρουσιάζουμε διαφορετικούς τρόπους για κάθε ένα έργο που παραθέτουμε.

Αυτό ισχύει και για την παράθεση της βιβλιογραφίας, αλλά και για τις παραπομπές. Αν υπάρχει αταξία στο σύστημα των παραπομπών μας, ενδέχεται να θιγεί και η αξιοπιστία μας. Αν υπάρχει ανομοιομορφία, αυτό δεν θα μας ωφελήσει καθόλου, θα είναι αρνητικό στοιχείο για την εργασία μας και κάτι τέτοιο δεν είναι επιθυμητό, πολύ περισσότερο όταν πρόκειται αυτή η εργασία να υποβληθεί προς βαθμολόγηση ή προς κρίση.

Αντίθετα, αν η μελέτη μας είναι προσεγμένη στις λεπτομέρειές της, θα προδιαθέσει θετικά τον αναγνώστη και θα καθρεφτίζει τη δική μας σοβαρή ενασχόληση και συγκροτημένη διαπραγμάτευση του θέματός μας.

1. Παραπομπή σε αυτοτελές βιβλίο (μονογραφία)

Πάντοτε χρησιμοποιούμε τα στοιχεία που παίρνουμε από τη σελίδα τίτλου, όχι από τον ψευδότιτλο ούτε από το εξώφυλλο του βιβλίου, όπου πολλές φορές τα στοιχεία είναι παραλλαγμένα. Αν υπάρχει πρόβλημα στην ταύτιση των στοιχείων της σελίδας τίτλου και του εξώφυλλου, συμβουλευόμαστε το copyright επειδή εκεί υπάρχουν τα πραγματικά στοιχεία του βιβλίου.

Γράφουμε πρώτα το όνομα και έπειτα το επώνυμο του συγγραφέα με όρθια και πεζά γράμματα. Μπορούμε να το γράψουμε σε ονομαστική πτώση ή μπορούμε να κρατήσουμε το όνομά του έτσι όπως αναφέρεται στη σελίδα τίτλου (πολλές φορές μπορεί να είναι σε γενική πτώση, αλλά αυτό σήμερα είναι ξεπερασμένο). Εδώ χρειάζεται προσοχή, είτε κρατήσουμε το όνομά του έτσι όπως υπάρχει στη σελίδα τίτλου είτε το γράψουμε στην ονομαστική, όταν θα κάνουμε τον κατάλογο της Βιβλιογραφίας θα πρέπει να κάνουμε αλλαγές για να γράψουμε τους συγγραφείς με αλφαβητική σειρά ανάλογα με το επώνυμό τους.

Έπειτα γράφουμε τον τίτλο του βιβλίου. Οι τίτλοι των μονογραφιών μπαίνουν πάντα σε πλάγια (*italique*) γραφή. Εάν υπάρχει και υπότιτλος, τότε μετά από τον τίτλο βάζουμε άνω και κάτω τελεία και γράφουμε τον υπότιτλο. Βέβαια, μπορούμε να βάλουμε τελεία χωρίς να δημιουργηθεί σύγχυση, εφόσον και ο τίτλος και ο υπότιτλος θα παρατεθούν σε πλάγια γραφή.

Στη συνέχεια γράφουμε τον τόπο έκδοσης. Τον τόπο μπορούμε να τον γράψουμε είτε όπως ακριβώς υπάρχει στη σελίδα τίτλου είτε με τη σημερινή μορφή του στα ελληνικά. Π.χ.: Αθήνα και όχι Αθήναι ή εν Αθήναις ή Αθήνησιν.

Τα ξενόγλωσσα τοπωνύμια καλό είναι να τα παραθέτουμε με λατινικούς χαρακτήρες, όπως αναφέρονται στη σελίδα τίτλου. Μπορούμε όμως να τα γράφουμε στην ελληνική γλώσσα αν είναι γνωστά και έχει επικρατήσει η γραφή τους στα ελληνικά.
Π.χ.: Αβινιόν, Λονδίνο ή Παρίσι και όχι εν Παρισίοις ή Paris.

Σε περιπτώσεις που ο τόπος έκδοσης είναι μια πόλη που δεν υπάρχει δόκιμη απόδοσή της στα ελληνικά, τότε καλύτερα να κρατάμε τα λατινικά στοιχεία.

Π.χ.: Nimes.

Αν υπάρχουν δύο τόποι έκδοσης, αναγράφονται και οι δύο με κάθετο ανάμεσά τους. Βέβαια, μπορούμε αν θέλουμε να σημειώνουμε μόνο τον πρώτο.

Π.χ.: London/New York.

Όταν γνωρίζουμε ότι η ένδειξη της πόλης δεν είναι πραγματική και είμαστε σίγουροι για τον πραγματικό τόπο έκδοσης, μπορούμε να τον προσθέσουμε στο τέλος της παραπομπής μέσα σε αγκύλες.

Π.χ.: Μανουήλ Ι. Γεδεών, *Πατριαρχικοί πίνακες. Ειδήσεις ιστορικαί βιογραφικαί περί των Πατριαρχών Κωνσταντινουπόλεως από Ανδρέου του Πρωτοκλήτου μέχρις Ιωακείμ Γ΄ του από Θεσσαλονίκης: 36-1884*, Αθήναι ²1996 [=Κωνσταντινούπολη 1885-1890].

Έπειτα γράφουμε το χρόνο έκδοσης. Όσον αφορά στο χρόνο, μπορούμε να κρατάμε ό,τι βλέπουμε στη σελίδα τίτλου ή να μεταγράφουμε το έτος με αραβικά ψηφία και να μην κρατάμε την ελληνική ή τη λατινική αρίθμηση, που υπάρχει συνήθως στις παλαιές εκδόσεις.

Π.χ.: 1782 αντί του αψπβ΄.

Αν ένα βιβλίο έχει εκδοθεί πολλές φορές, μπορούμε να βάλουμε έναν δείκτη μπροστά από το έτος έκδοσης για να δηλώνει τον αριθμό της έκδοσης, την οποία χρησιμοποιούμε εμείς.

Π.χ.: Χρ. Ανδρούτσος, *Σύστημα Ηθικής*, Θεσσαλονίκη ²1964, σελ. 34.

Πολλές φορές είναι σκόπιμο να δηλώνουμε και το έτος της πρώτης έκδοσης ή ίσως να χρειάζεται και να παραπέμψουμε σε αυτήν. Τότε, βάζουμε στο τέλος μέσα σε παρένθεση την παραπομπή στην πρώτη έκδοση.

Π.χ.: Χρ. Ανδρούτσος, *Σύστημα Ηθικής*, Θεσσαλονίκη ^{2}1964, σελ. 34 (α' έκδ., Θεσσαλονίκη 1960, σελ. 30).

Τέλος, γράφουμε τον αριθμό της σελίδας ή των σελίδων όπου παραπέμπουμε, τις οποίες μπορούμε να σημειώνουμε με σ. ή σελ. ή χωρίς καμία συντομογραφία. Αν στον αριθμό της σελίδας τελειώνει η πρόταση που εκφέρουμε, δεν ξεχνάμε να βάζουμε τελεία.

Π.χ.: Απ. Β. Δασκαλάκη, *Ο Ελληνισμός της αρχαίας Μακεδονίας*, Αθήνα 1960, σελ. 5.

ή

Απ. Β. Δασκαλάκη, *Ο Ελληνισμός της αρχαίας Μακεδονίας*, Αθήνα 1960, 5.

Για να μην φορτώνουμε πολύ την παραπομπή, μπορούμε να παραλείπουμε το όνομα του εκδοτικού οίκου, αν και είναι αρκετοί αυτοί που υποστηρίζουν ότι πρέπει να αναγράφεται και ο εκδοτικός οίκος. Εάν παραπέμπουμε σε σύγχρονα βιβλία, τα οποία μπορεί ο αναγνώστης να βρει στο εμπόριο, τότε είναι χρήσιμο να προσθέτουμε τον εκδοτικό οίκο, ιδιαίτερα μάλιστα αν είναι ξενόγλωσσα. Στην περίπτωση που θα αναγράφουμε τον εκδοτικό οίκο, τότε μετά από τον τόπο έκδοσης θα βάζουμε άνω και κάτω τελεία, θα γράφουμε τον εκδοτικό οίκο και αμέσως μετά θα γράφουμε το χρόνο έκδοσης.

Π.χ.: Ch. Delvoye, *Βυζαντινή τέχνη*, μτφ. Μ. Παπαδάκη, Αθήνα: Παπαδήμας 2002.

Ένας άλλος τρόπος είναι να σημειώσουμε τον εκδοτικό οίκο μέσα σε παρένθεση, με όρθια γράμματα, ανάμεσα στον τόπο και το χρόνο. Άλλοι για να αποφύγουν τις παρενθέσεις, βάζουν κόμματα. Ίσως όμως τέτοιου είδους αναγραφές να κουράσουν το μάτι ή ακόμη και να προκαλέσουν σύγχυση.
Π.χ.: Θεσσαλονίκη (Αφοί Κυριακίδη) 2000.

Αν έχουμε αντλήσει κάποιο από τα τρία ή και τα τρία τελευταία στοιχεία, δηλαδή τόπο, εκδότη, χρόνο, από κάποιο άλλο σημείο του βιβλίου (τον κολοφώνα ή άλλο), τότε το βάζουμε σε παρένθεση.
Π.χ.: (Θεσσαλονίκη): Αφοί Κυριακίδη 2000

ή

(Θεσσαλονίκη: Αφοί Κυριακίδη) 2000

ή

(Θεσσαλονίκη: Αφοί Κυριακίδη 2000).

Αν τα στοιχεία αυτά τα γνωρίζουμε από εξωτερική πηγή, δηλαδή από τη βιβλιογραφία ή αλλού, τότε τα βάζουμε σε αγκύλες.
Π.χ.:[Θεσσαλονίκη 2000].

Αν λείπει κάποιο από τα βιβλιολογικά στοιχεία και δεν μπορούμε να το βρούμε ούτε στον κολοφώνα του βιβλίου, τότε χρησιμοποιούμε τις ακόλουθες συντομογραφίες:
• χ.χ. = χωρίς χρονολογία

- χ.ε. = χωρίς εκδότη
- χ.τ. = χωρίς τόπο ή χ.τ.ε. = χωρίς τόπο έκδοσης

Π.χ.: Απ. Β. Δασκαλάκη, *Ο Ελληνισμός της αρχαίας Μακεδονίας*, Αθήνα: χ.ε. 1960, σελ. 5.

Με κόμματα χωρίζουμε τον συγγραφέα από τον τίτλο, τον τίτλο από τον τόμο αν υπάρχει, τον τόμο από τον τόπο και το χρόνο και το χρόνο από τις σελίδες. Ο τόπος και ο χρόνος δεν χωρίζονται με κόμμα.

Όνομα συγγραφέα, τίτλος έργου, τόμος , τόπος χρόνος, σελ..

Αν θέλουμε να γράψουμε και τον εκδοτικό οίκο, τότε μετά από τον τόπο βάζουμε άνω και κάτω τελεία γράφουμε τον εκδοτικό οίκο και αμέσως το χρόνο.

Όνομα συγγραφέα, τίτλος έργου, τόμος, τόπος έκδοσης: εκδότης χρόνος, σελ..

Αν έχουμε ένα βιβλίο, το οποίο δεν φέρεται με τοο όνομα του συγγραφέα, αλλά του επιμελητή ή του εκδότη, τότε στη θέση του συγγραφέα γράφουμε το όνομα του επιμελητή ή του εκδότη και δίπλα μέσα σε παρένθεση βάζουμε την ιδιότητά του.

Π.χ.: Bréhier L. (εκδ), *Histoire anonyme de la première croisade*, Paris 1924.

Αν πρόκειται να παραπέμψουμε σε διπλωματική εργασία ή διδακτορική διατριβή, αυτό πρέπει να το προσδιορίζουμε μετά από τον τίτλο.

Π.χ.: Όνομα συγγραφέα, τίτλος, διπλωματική που κατατέθηκε στη Θεολογική Σχολή του Αριστοτελείου Πανεπιστημίου Θεσσαλονίκης, Θεσσαλονίκη 1999.

Αν πρόκειται να παραπέμψουμε σε έργο που είναι υπό δημοσίευση, το σημειώνουμε αμέσως μετά από τον τίτλο και μέσα σε παρένθεση.

Π.χ.: Όνομα συγγραφέα, *τίτλος*, (υπό δημοσίευση), Θεσσαλονίκη 1999.

2. Παραπομπή σε βιβλίο μεταφρασμένο

Γράφουμε το όνομα του συγγραφέα, τον τίτλο, το όνομα του μεταφραστή ή του επιμελητή της έκδοσης, τον τόπο, τον εκδότη (προαιρετικά), τη χρονολογία έκδοσης και τέλος τις σελίδες. Αν το όνομα του συγγραφέα αναγράφεται στη σελίδα τίτλου με λατινικά στοιχεία, το γράφουμε και εμείς με λατινικά στοιχεία.

Π.χ.: Paul Lemerle, *Ο Πρώτος Βυζαντινός Ουμανισμός: Σημειώσεις και παρατηρήσεις για την εκπαίδευση και την παιδεία στο Βυζάντιο από τις αρχές ως τον 10° αιώνα*, μετάφραση Μαρία Νυσταζοπούλου – Πελεκίδου, Αθήνα 1981.

Αν ξέρουμε το έτος έκδοσης του πρωτότυπου έργου, καλό είναι να το βάζουμε. Μπορούμε να χρησιμοποιούμε τις συντομογραφίες «μτφ.» πριν από το όνομα του μεταφραστή και «επιμ.» πριν από το όνομα του επιμελητή έκδοσης.

3. Παραπομπή σε βιβλίο δημοσιευμένο σε ηλεκτρονική μορφή

Σήμερα, που έχουμε τη δυνατότητα της χρήσης του διαδικτύου, μπορούμε από τον υπολογιστή μας να έχουμε πρόσβαση σε ψηφιοποιημένα βιβλία διαφόρων βιβλιοθηκών του κόσμου. Όλο και περισσότερο θα χρειάζεται να παραπέμπουμε σε βιβλία, τα οποία θα έχουμε σε ηλεκτρονική μορφή. Ένας από τους τρόπους παραπομπής είναι να γράψουμε το όνομα του συγγραφέα, τον τίτλο με πλάγια γράμματα, την ημερομηνία ανάκτησης και τη διεύθυνση της ιστοσελίδας.
Π.χ.: Όνομα συγγραφέα, *τίτλος*. Ανακτήθηκε 20 Σεπτεμβρίου 2012, από http://......................

4. Παραπομπή σε βιβλίο που ανήκει σε σειρά

Όταν έχουμε να παραπέμψουμε σε ένα βιβλίο, το οποίο ανήκει σε επιστημονική σειρά, τότε, μετά από τον τίτλο παραθέτουμε μέσα σε αγκύλες τη σειρά και τον αριθμό του τόμου, αν υπάρχει. Άλλοι δεν βάζουν αγκύλες, αλλά άνω και κάτω τελεία και μετά παραθέτουν τον τίτλο της σειράς ή τον παραθέτουν ανάμεσα σε κόμματα ή ανάμεσα σε εισαγωγικά. Αυτή η πρακτική μπορεί να δημιουργήσει σύγχυση.
Π.χ.: Ταξιάρχης Γ. Κόλιας, *Νικηφόρος Β΄ Φωκάς (963-969). Ο στρατηγός αυτοκράτωρ και το μεταρρυθμιστικό του έργο*, [Ιστορικές μονογραφίες, 12], (Αθήνα 1993), σελ. 57.

Οδηγός συγγραφής

5. Παραπομπή σε εκδόσεις κειμένων

Αν έχουμε ένα έργο, το οποίο φέρεται με το όνομα του συγγραφέα, αλλά υπάρχει επιμελητής έκδοσης, τότε μετά από τον τίτλο γράφουμε την ένδειξη «επιμ.» ή «έκδ.» και το όνομα του επιμελητή ή του εκδότη. Αυτή η περίπτωση απαντάται κυρίως σε εκδόσεις που αφορούν κείμενα πηγών, όπως λόγου χάριν έργα πατέρων της Εκκλησίας ή βυζαντινών χρονογράφων. Επειδή συνήθως τέτοιες εκδόσεις κειμένων έγιναν στο παρελθόν από ξένους, για αυτό βλέπουμε ένα «ed.» που σημαίνει editor, δηλαδή επιμελητής της έκδοσης ή «eds» που σημαίνει ότι οι επιμελητές είναι περισσότεροι. Την ένδειξη «επιμ.» ή «έκδ.» μπορούμε να την γράφουμε στα ελληνικά, άσχετα αν η παραπομπή γίνεται σε ξενόγλωσσο τίτλο.

Παραθέτουμε πρώτα το όνομα του συγγραφέα και έπειτα τον τίτλο του έργου. Στη συνέχεια γράφουμε το όνομα και το επώνυμο του εκδότη, τον τίτλο της σειράς, αν ανήκει σε σειρά, τον τόπο και το χρόνο έκδοσης, τον τόμο, τις σελίδες ή τις στήλες. Αυτός είναι ο ορθότερος τρόπος για να παραπέμψει κανείς σε τέτοιου είδους έργα.

Π.χ.: Γρηγορίου Παλαμά, *Συγγράμματα*, (επιμ. έκδοσης Παναγιώτης Κ. Χρήστου), Θεσσαλονίκη 1966, τόμ. Β΄, σελ. 13.

Ioannis Scylitzae, *Synopsis Historiarum*, ed. Ioannes Thurn, [Corpus Fontium Historiae Byzantinae, Series Berolinensis, 5], Berlin/New York 1973, σελ 189.

Οπωσδήποτε υπάρχουν και άλλοι τρόποι, όπως:
Ιωάννης Σκυλίτζης, *Σύνοψις Ιστοριών*, έκδ. Ioannes Thurn, [Corpus Fontium Historiae Byzantinae, Series Berolinensis, 5], Βερολίνο/Νέα Υόρκη 1973, σελ. 189.

ή

Ιωάννης Σκυλίτζης, έκδ. I. Thurn, *Ioannis Scylitzae Synopsis Historiarum* [CFHB, 5], Βερολίνο/Νέα Υόρκη 1973, σελ 189.

Για έργα αρχαίων Ελλήνων συγγραφέων έχουν επικρατήσει γενικευμένες συμβάσεις του τύπου:

συγγραφέας–τίτλος–βιβλίο–κεφάλαιο ή μέρος–παράγραφος ή ωδή–στίχος.

Π.χ.: Θουκιδίδου, *Ιστορίαι*, 5,103,2.

Επίσης, είναι παγιωμένος ο τρόπος παραπομπής στην Αγία Γραφή.

Π.χ.: Ιωάν. 12:20-23.

Χρειάζεται προσοχή όταν παραπέμπουμε σε έργο που υπάρχει στην Πατρολογία του Migne. Στην περίπτωση αυτή δεν γράφουμε απλά PG 36, στ. 623-664, το οποίο αποτελεί λάθος που απαντάται συχνά. Οφείλουμε να παραπέμπουμε κανονικά ως εξής:

Π.χ.: Γρηγορίου Θεολόγου, *Εις το άγιον Πάσχα*, PG 36, στ. 623-664.

Στον κατάλογο της Βιβλιογραφίας, στο τμήμα Πηγές, είναι καλό να παραθέσουμε την πλήρη αναφορά του έργου.

Π.χ.: Patrologiae Cursus Completus, Series Graecae, έκδ. J.-P. Migne, Paris 1857-1866.

ή

Patrologia Graeca..., έκδ. J-P. Migne, Paris.

ή

Patrologiae Cursus Completus, Series Latinae, έκδ. J.-P. Migne, Paris 1844-1855.

ή

Patrologia Latina..., έκδ. J-P. Migne, Paris.

Επίσης, όταν χρησιμοποιούμε κάποια από τις εισαγωγές που υπάρχουν στην επανέκδοση της Πατρολογίας του Migne, την οποία έκανε ο Ιωάννης Κ. Διώτης, τότε πρέπει οπωσδήποτε να φαίνεται στην παραπομπή μας ότι αναφερόμαστε στην επανέκδοση του Διώτη.

6. Παραπομπή σε δίτομα/πολύτομα έργα

Αν το έργο στο οποίο παραπέμπουμε είναι δίτομο ή πολύτομο, τότε οπωσδήποτε βάζουμε την ένδειξη για τον τόμο σημειώνοντας τόμ. ή τ. ή χωρίς συντομογραφία. Όταν το έργο είναι ελληνόγλωσσο, η αρίθμηση των τόμων είναι καλό να γίνεται με κεφαλαία ελληνικά ψηφία (π.χ. Α΄ ή ΣΤ΄) ενώ όταν το έργο είναι ξενόγλωσσο να γίνεται με κεφαλαία λατινικά ψηφία (π.χ. I, II, III). Κάνουμε κανονικά την παραπομπή μας στον τόμο ή τους τόμους που χρησιμοποιήσαμε, αλλά προσέχουμε τη χρονολογία.

1) Αν χρησιμοποιήσαμε έναν τόμο, τότε:

α) αν όλοι οι τόμοι έχουν εκδοθεί την ίδια χρονολογία, ο αριθμός τόμου μπαίνει αμέσως μετά τον τίτλο.
Π.χ.: Ιωάν. Ε. Αναστασίου, *Εκκλησιαστική Ιστορία*, τόμ. Α΄, Θεσσαλονίκη: Παρατηρητής 1983, σελ. 313.

β) αν κάθε τόμος έχει εκδοθεί σε διαφορετική χρονολογία, ο αριθμός τόμου μπαίνει μετά τη χρονολογία έκδοσης.
Π.χ.: Παναγ. Κ. Χρήστου, *Ελληνική Πατρολογία*, Θεσσαλονίκη: Κυρομάνος 1976, τόμ. Α΄.

2) Αν χρησιμοποιήσαμε όλους τους τόμους, τότε:

α) αν όλοι οι τόμοι έχουν εκδοθεί την ίδια χρονολογία, οι αριθμοί τόμων μπαίνουν αμέσως μετά τον τίτλο.
Π.χ.: Ιωάν. Ε. Αναστασίου, *Εκκλησιαστική Ιστορία*, τόμ. Α΄-Β΄, Θεσσαλονίκη: Παρατηρητής 1983.

β) αν κάθε τόμος έχει εκδοθεί σε διαφορετική χρονολογία, οι αριθμοί τόμων μπαίνουν αμέσως μετά τον τίτλο, αλλά δηλώνονται και οι χρονολογίες έκδοσης του πρώτου και του τελευταίου τόμου.
Π.χ.: Παναγ. Κ. Χρήστου, *Ελληνική Πατρολογία*, τόμ. Α΄-Ε΄, Θεσσαλονίκη: Κυρομάνος 1976-1992.

Βέβαια, δεν είναι ασυνήθιστο πολλοί να βάζουν την ένδειξη για τον τόμο μετά από τον τίτλο, ανεξάρτητα με το αν εκδόθηκαν όλοι οι τόμοι το ίδιο έτος ή όχι.

7. Παραπομπή σε άρθρα περιοδικών

Γράφουμε το επώνυμο και το όνομα του συγγραφέα με όρθια πεζά γράμματα στην ονομαστική (ή όπως ο ίδιος υπογράφει το άρθρο του), τον τίτλο του άρθρου με όρθια πεζά γράμματα και μέσα σε εισαγωγικά, το όνομα του περιοδικού με πλάγια. Ακολουθεί η αναγραφή του τόμου, όπου αν θέλουμε, μπορούμε να χρησιμοποιήσουμε τη συντομογραφία τόμ. ή τ. ή να βάλουμε κατευθείαν τον αριθμό χωρίς τη συντομογραφία. Ο αριθμός του τόμου είναι καλό να μπαίνει με αραβική αρίθμηση. Αμέσως ακολουθεί το έτος έκδοσης μέσα σε παρένθεση και έπειτα η σελίδα ή οι σελίδες.

Με όρθια κόμματα χωρίζουμε τον συγγραφέα από τον τίτλο, τον τίτλο από το περιοδικό, το περιοδικό από τον αριθμό του τόμου. Ανάμεσα στον αριθμό του τόμου και το έτος έκδοσης δεν βάζουμε κόμμα. Επίσης, δεν χωρίζουμε με κόμμα τον αριθμό της σελίδας από το έτος, αν δεν χρησιμοποιούμε τη συντομογραφία σελ. ή σ. ή σσ..

Π.χ.: Γ. Μπακαλάκη, «Κισσός», *Μακεδονικά*, τόμ. 3 (1953), σσ. 353-362.

ή

Μπακαλάκης Γ., «Κισσός», *Μακεδονικά*, 3 (1953) 353-362.

Ορισμένα περιοδικά αριθμούν μόνο τα τεύχη ενώ άλλα αριθμούν και τεύχη και τόμους. Αν η αρίθμηση των σελίδων αλλάζει ανά τεύχος, τότε είναι σημαντικότερος ο αριθμός του τεύχους, οπότε στην παραπομπή μας πρέπει να δίνουμε τον αριθμό του τεύχους.

Π.χ.: τεύχ. 3 ή τχ. 3

Αν το περιοδικό είναι εβδομαδιαίο ή μηνιαίο, τότε μπορούμε στην παρένθεση του χρόνου να βάλουμε ολόκληρη την ημερομηνία ή το μήνα της κυκλοφορίας του.
Π.χ.: *Ο Πολίτης*, τχ. 76 (13.2.1986) 10

ή

Ο Πολίτης, τχ. 76 (Φεβρουάριος 1986) 10

Αν δηλώνεται και αριθμός τόμου και αριθμός τεύχους, τότε μπαίνει πρώτος ο αριθμός του τόμου και αμέσως μετά ο αριθμός τεύχους.
Π.χ.: 3/2 (όπου 3 είναι ο αριθμός τόμου και 2 ο αριθμός τεύχους)

ή

αναλυτικά ως εξής: τόμ. 3, τεύχ. 2

Αν έχουμε ένα περιοδικό με δύο ή τρεις περιόδους έκδοσης και η αναγραφή της χρονιάς δεν είναι αρκετή, τότε γράφουμε και την περίοδο πριν από τον αριθμό του τόμου ή του τεύχους.
Π.χ.: περίοδος β΄ τεύχ. 2

Αν κάποιο περιοδικό αριθμεί τα έτη και όχι τους τόμους, τότε είμαστε υποχρεωμένοι να το ακολουθήσουμε.

Αν αναγράφει και έτη και αριθμούς τόμων, τότε προκρίνουμε τον τόμο και αγνοούμε το έτος. Αν τα γράψουμε και τα δύο, το μόνο που θα επιτύχουμε είναι να φορτώσουμε άσκοπα την παραπομπή και ενδεχομένως να περιπλέξουμε τα πράγματα.

Πολλά περιοδικά αριθμούν τους τόμους τους με ελληνική ή με λατινική αρίθμηση. Εμείς μπορούμε αν θέλουμε να κρατήσουμε αυτήν την ιδιοτυπία ή μπορούμε να την αντικαταστήσουμε με αριθμούς, που είναι πιο χρηστικό και δίνει ομοιομορφία στο γραπτό μας.

Εάν πρόκειται για κάποιο περιοδικό, το οποίο δεν είναι πολύ γνωστό, τότε μπορούμε πριν τον τίτλο του να βάλουμε την ένδειξη περ., για να καταλάβει ο αναγνώστης ότι πρόκειται για περιοδικό.

Π.χ.: περ. *Παλίμψηστον*, 4 (1987)

Επίσης, για τα σχετικά άγνωστα περιοδικά είναι σκόπιμο να δηλώνουμε και τον τόπο έκδοσης μαζί με το χρόνο. Στην περίπτωση αυτή γράφουμε τον τόπο πριν από το χρόνο μέσα στην ίδια παρένθεση.

Π.χ.: περ. *Παλίμψηστον*, 4 (Θεσσαλονίκη 1987)

Εάν το περιοδικό δεν έχει εκδοθεί ακόμη, τότε στη θέση της χρονολογίας μέσα στη παρένθεση γράφουμε τη φράση: (υπό έκδοση).

Π.χ. *Γρηγόριος ο Παλαμάς*, τχ. 24 (υπό έκδοση) 10

Με τον ίδιο τρόπο αναγράφονται και τα άρθρα σε ξενόγλωσσα περιοδικά, με τη διαφορά ότι αντί για γωνιώδη εισαγωγικά (« ») χρησιμοποιούμε όρθια τυπογραφικά (" "). Αν πρόκειται για μεταφρασμένα άρθρα, τότε το όνομα του μεταφραστή με την ένδειξη «μτφ.» δηλώνεται αμέσως μετά τον τίτλο του άρθρου και πριν από τον τίτλο του περιοδικού.

Υπενθύμιση: μπορούμε στην εργασία μας να χρησιμοποιήσουμε την καθιερωμένη συντομογραφία του περιοδικού, αν υπάρχει, αντί για τον πλήρη τίτλο του. Φυσικά, στην περίπτωση αυτή θα πρέπει να έχουμε τον κατάλογο με την ανάλυση των συντομογραφιών στην αρχή της εργασίας μας.

8. Παραπομπή σε περιοδικό στο διαδίκτυο

Εάν θέλουμε να παραπέμψουμε σε άρθρο το οποίο είναι δημοσιευμένο στην ηλεκτρονική έκδοση περιοδικού, τότε αναγράφουμε τα στοιχεία όπως στο παράδειγμα και πριν από το όνομα του περιοδικού προσθέτουμε μέσα σε αγκύλες τη φράση [Ηλεκτρονική Έκδοση].
Π.χ.: Όνομα συγγραφέα (μέσα σε παρένθεση ο χρόνος έκδοσης). Τίτλος άρθρου [Ηλεκτρονική Έκδοση]. Όνομα περιοδικού, αριθμός τόμου, αριθμός σελίδας. Ανακτήθηκε: 20 Σεπτεμβρίου 2012, από http://........................

Εάν δεν υπάρχει το όνομα του συγγραφέα, τότε στη θέση του γράφουμε τον τίτλο του άρθρου.
Π.χ.: Τίτλος άρθρου (χρόνος έκδοσης) [Ηλεκτρονική Έκδοση]. Όνομα περιοδικού, αριθμός τόμου, αριθμός σελίδας. Ανακτήθηκε: 20 Σεπτεμβρίου 2012, από http://........................

Στο σημείο αυτό είναι σκόπιμο να αναφέρουμε ότι σήμερα οι πηγές πληροφοριών στο διαδίκτυο αυξάνονται με ραγδαίους ρυθμούς, δεν χρειάζονται ειδικές εγκρίσεις και έτσι ο καθένας μπορεί να δημοσιεύει. Η αξιολόγηση των πηγών του διαδικτύου κρίνεται απαραίτητη, για αυτό είναι αναγκαίο να διαμορφώσει κανείς κάποια βασικά κριτήρια. Ένα τέτοιο βασικό κριτήριο είναι να μπορούμε να διασταυρώσουμε την εγκυρότητα του περιεχομένου ενός τέτοιου δημοσιεύματος. Εάν χρησιμοποιήσουμε αβίαστα και χωρίς κανέναν έλεγχο πληροφορίες από το διαδίκτυο, ελλοχεύει ο κίνδυνος να τεθεί υπό αμφισβήτηση η αξιοπιστία μας.

9. Παραπομπή σε εφημερίδες

Η παραπομπή σε εφημερίδες μπορεί να γίνει πολύ απλά, μονάχα με την ημερομηνία.
Π.χ.: εφ. *Το Βήμα*, 15 Μαΐου 1990.
Εάν η ύλη της εφημερίδας είναι πολλή, μπορούμε να προσθέσουμε και τη σελίδα ή ακόμα και τη στήλη.
Π.χ.: εφ. *Ελληνικός Βορράς*, 28.1.1970 σελ. 7, στήλη «Στο περιθώριο της Επικαιρότητος».
Εάν πρόκειται για λιγότερο γνωστές εφημερίδες, τότε απαραίτητα προσθέτουμε και τον τόπο έκδοσης.
Όταν πρόκειται για πιο σπάνιες εφημερίδες μπορούμε να προσθέσουμε και τον αριθμό του φύλλου, οπωσδήποτε κάτι τέτοιο διευκολύνει την αναζήτηση.

10. Παραπομπή σε σύμμικτους ή συλλογικούς τόμους

Ένας συλλογικός τόμος δεν είναι έργο ενός συγγραφέα. Είναι έκδοση που γίνεται με την επιμέλεια περισσοτέρων ατόμων, τα οποία αναγράφονται όλα στη σελίδα τίτλου, αλλά κανένας δεν εμφανίζεται ως επιμελητής. Στην περίπτωση αυτή παραθέτουμε τα ονόματα των συγγραφέων που επιμελήθηκαν την έκδοση του τόμου με τη σειρά που αναγράφονται στη σελίδα τίτλου. Για λόγους ευκολίας μπορούμε να σημειώσουμε μόνο τον πρώτο και να προσθέσουμε δίπλα την ένδειξη «και άλλοι» ή «κ.ά.».

Αν αναφερόμαστε στον πρώτο συγγραφέα, τότε γράφουμε το όνομά του με όρθια πεζά γράμματα και δίπλα την ένδειξη «κ.ά.», ο τίτλος της εργασίας μπαίνει με όρθια πεζά και μέσα σε εισαγωγικά και ο τίτλος του σύμμικτου τόμου μπαίνει με πλάγια γράμματα.

Π.χ.: Στυλιανός Λαμπάκης κ.ά., «Το Βυζάντιο και η αρχαιοελληνική διανόηση», στον τόμο *Βυζαντινό κράτος και κοινωνία. Σύγχρονες κατευθύνσεις της έρευνας*, Αθήνα 2003, σελ. 20.

Βέβαια, αν αναφερόμαστε σε άλλον συγγραφέα, διαφορετικό από εκείνον που αναγράφεται πρώτος στη σελίδα τίτλου, τότε γράφουμε μόνο το όνομα του συγκεκριμένου συγγραφέα, τον τίτλο της εργασίας και μετά τα στοιχεία του τόμου.

Π.χ.: Σπύρος Ν. Τρωιάνος, «Ο βυζαντινός άνθρωπος μπροστά στον Νόμο», στον τόμο Στυλιανός Λαμπάκης κ.ά., *Βυζαντινό κράτος και κοινωνία. Σύγχρονες κατευθύνσεις της έρευνας*, Αθήνα 2003, σελ. 50.

Με τον ίδιο τρόπο αναγράφονται και τα άρθρα σε ξενόγλωσσους σύμμικτους τόμους, με τη διαφορά ότι αντί για γωνιώδη εισαγωγικά (« ») χρησιμοποιούμε όρθια τυπογραφικά (" "). Την ένδειξη «στον τόμο» αναγράφουμε στα ελληνικά για λόγους ομοιομορφίας.

11. Παραπομπή σε τόμους πρακτικών

Όταν θέλουμε να παραπέμψουμε σε άρθρα που βρίσκονται σε τόμους πρακτικών συνεδρίων, τότε γράφουμε το ονοματεπώνυμο του συγγραφέα, τον τίτλο της εργασίας μέσα σε εισαγωγικά και μετά βάζουμε τα στοιχεία του τόμου των πρακτικών που είναι απαραίτητα για να εντοπίσει κανείς το αντίστοιχο κείμενο.
Π.χ.: Γιέβτιτς Α., « Ο ων (=Γιαχβέ) ως ζων και αληθινός θεός, όπως περί αυτού μαρτυρεί ο Άγιος Γρηγόριος ο Παλαμάς», *Πρακτικά Θεολογικού Συνεδρίου εις τιμήν και μνήμην του εν αγίοις πατρός ημών Γρηγορίου αρχιεπισκόπου Θεσσαλονίκης του Παλαμά (12-14 Νοεμβρίου 1984)*, Θεσσαλονίκη 1986, σσ. 109-134.

Εάν υπάρχει επιμελητής έκδοσης, γράφουμε το όνομά του πριν από την τοποχρονολογία της έκδοσης.
Π.χ.: Ευάγγελος Χεκίμογλου, «Άγνωστος ναός του αγίου Βλασίου στη Θεσσαλονίκη ($15^{ος}$ – $16^{ος}$ αι.)», *Πρακτικά*

του ΚΘ΄ Πανελληνίου Ιστορικού Συνεδρίου 16-18 Μαΐου 2008 και ΚΗ΄ Πανελληνίου Ιστορικού Συνεδρίου (Μέρος Β΄) 25-27 Μαΐου 2007, επιμ. έκδοσης Φωτεινή Ι. Τολιούδη, Θεσσαλονίκη 2009, σ. 33.

Επίσης, εάν ο τόμος έχει έναν δικό του τίτλο, τον γράφουμε με πλάγια γράμματα.
Π.χ.: Ιωάννου, Κ., «Το γοτθικό μυθιστόρημα», στον τόμο *Η Ελλάδα στην Ευρώπη. Πρακτικά του Α΄ Διεθνούς Συνεδρίου Συγκριτικής Φιλολογίας* (Παν. Αθηνών, Αθήνα Νοέμβριος 2000), επιμ. Α. Γαλανού, Αθήνα: Νεφέλη σσ. 35-38. Με ανάλογο τρόπο κάνουμε παραπομπές σε επιστημονικές επετηρίδες και τιμητικούς τόμους.

Εάν πρόκειται για ξενόγλωσσους τόμους πρακτικών, αναγράφουμε τον τίτλο του άρθρου μέσα σε όρθια τυπογραφικά εισαγωγικά (" "). Στην περίπτωση αυτή, τις ενδείξεις «στον τόμο» και «επιμ.» τις αναγράφουμε στα ελληνικά για λόγους ομοιομορφίας.

12. Παραπομπή σε λήμματα εγκυκλοπαιδειών και λεξικών

α) Υπογεγραμμένα λήμματα

Αυτό σημαίνει ότι υπάρχει στο τέλος του λήμματος το όνομα του συγγραφέα ή τα αρχικά του. Αν υπάρχουν μόνο τα αρχικά, τότε αναζητούμε στην αρχή του τόμου τον κατάλογο, όπου συνήθως αναφέρονται τα αρχικά και δίπλα τα πλήρη ονοματεπώνυμα των συνεργατών συγγραφέων.

Γράφουμε το όνομα του συγγραφέα (αν υπάρχουν μόνο τα αρχικά, τότε τα αναγράφουμε ως εξής: Χ(ρήστος) Π(ατρινέλης)). Έπειτα, γράφουμε μέσα σε εισαγωγικά τον τίτλο του λήμματος, έπειτα την εγκυκλοπαίδεια ή το λεξικό με πλάγια γράμματα και στη συνέχεια τον τόπο, το χρόνο, τον τόμο και τη σελίδα. Εδώ χρειάζεται να προσέξουμε μήπως η εγκυκλοπαίδεια ή το λεξικό αντί να αριθμεί σελίδες, αριθμεί στήλες, οπότε γράφουμε τον αριθμό της στήλης.

Π.χ. σε εγκυκλοπαίδεια: Χρ. Πατρινέλης, «Ευγένιος Βούλγαρις», *Θρησκευτική και Ηθική Εγκυκλοπαίδεια*, Αθήναι: 1950, τόμ. 2, στ. 795.

Π.χ. σε λεξικό: Χ. Πατρινέλης, «Ευγένιος Βούλγαρις», *Παγκόσμιο Βιογραφικό Λεξικό*, Αθήνα: 1976, τ. 1, σελ. 22.

β) Λήμματα ανυπόγραφα

Στην περίπτωση που δεν υπάρχει το όνομα του συγγραφέα, τότε γράφουμε πρώτη τη λέξη λήμμα, μετά τον τίτλο του λήμματος με όρθια γράμματα μέσα σε εισαγωγικά και έπειτα τα υπόλοιπα βιβλιολογικά στοιχεία.

Π.χ.: λήμμα «Εκκλησία», *Μεγάλη Ελληνική Εγκυκλοπαίδεια*, Αθήνα: 1950, τόμ. 2, σελ. 34.

Κάποιοι κρίνουν ότι στα πολύ γνωστά λεξικά (όπως για παράδειγμα το Liddell-Scott) και τις εγκυκλοπαίδειες μπορούμε να παραπέμψουμε κατευθείαν στο λήμμα, θεωρώντας ότι καμιά φορά δεν είναι περιττό να προστίθεται στο τέλος μέσα σε παρένθεση το όνομα του συντάκτη του λήμματος κι η χρονολογία.

Π.χ.: *Μεγάλη Ελληνική Εγκυκλοπαίδεια*, λήμμα «Ευγένιος Βούλγαρις», σελ. 34.

ή

Παγκόσμιο Βιογραφικό Λεξικό, «Ευγένιος Βούλγαρις», (Χ. Πατρινέλης 1976).

13. Παραπομπή σε εγκυκλοπαίδεια στο διαδίκτυο

Όταν έχουμε χρησιμοποιήσει μια εγκυκλοπαίδεια που είναι online, τότε ένας προτεινόμενος τρόπος είναι αυτός που ακολουθεί:

«Alexander the Grate», στην Encyclopedia Britannica. [online]. Ανακτήθηκε 20 Σεπτεμβρίου 2012, από http://......................

ή

Εγκυκλοπαίδεια Μείζονος Ελληνισμού, Μ. Ασία, http://www.ehw.gr/l.aspx?id=6222 (ημερομηνία πρόσβασης 20/9/2012).

14. Άλλες συντομογραφίες

Συνήθως παραπέμπουμε στο ίδιο έργο δύο, τρεις ή και περισσότερες φορές. Σε τέτοιες περιπτώσεις κάνουμε ολοκληρωμένη παραπομπή μόνο την πρώτη φορά που θα αναφέρουμε το έργο και στη συνέχεια η παραπομπή γίνεται συντομογραφικά, για να αποφύγουμε τις περιττές επαναλήψεις. Έτσι λοιπόν, είναι αρκετό να χρησιμοποιούμε με διάφορους τρόπους τη συντομογραφία: ό. π. = όπως παραπάνω.

Για να παραπέμψουμε στο έργο που αναφέραμε στην αμέσως προηγούμενη παραπομπή, μπορούμε να βάλουμε το ό. π. και τον αριθμό της σελίδας ή των σελίδων, χωρίς όνομα συγγραφέα ή τίτλο έργου.

Π.χ.: ό.π., σελ. 40 ή ό.π. (χωρίς αριθμό σελίδας, αν παραπέμπουμε και για δεύτερη φορά στην ίδια σελίδα) ή ό.π., τόμ. Γ΄, σελ. 130 (αν παραπέμπουμε τώρα σε διαφορετικό τόμο και σελίδα).

Όταν πάλι παραπέμπουμε σε έργο που έχουμε ήδη αναφέρει λίγο πιο πάνω, αλλά στο μεταξύ έχουμε παρεμβάλει και άλλους συγγραφείς, τότε προσθέτουμε και το όνομα του συγγραφέα.

Π.χ.: Απ. Β. Δασκαλάκη, ό.π., σελ. 5.

Αν όμως το ό.π. αναφέρεται σε παραπομπή που έχουμε κάνει πολλές σελίδες πιο πριν, δεν μπορούμε να ζητούμε από τον αναγνώστη να θυμάται τον πλήρη τίτλο. Έτσι λοιπόν, αν η απόσταση είναι πολύ μεγάλη, ίσως είναι σκόπιμο να παραθέσουμε ξανά τα πλήρη στοιχεία ή έστω να υποδείξουμε στον αναγνώστη πού βρίσκεται η ανάλυση αυτού του ό.π..

Π.χ.: Απ. Β. Δασκαλάκη, ό.π., (υποσημείωση 20), σελ. 5.

Στις παραπάνω περιπτώσεις, επειδή το ό.π. υποκαθιστά ολόκληρο τον τίτλο, το σημειώνουμε με πλάγια γράμματα.

Αν έχουμε ήδη αναφερθεί σε πολλά έργα του ίδιου συγγραφέα, τότε δίνουμε και κάποια στοιχεία από τον τίτλο. Στην περίπτωση αυτή, επειδή το ό.π. υποκαθιστά ουσιαστικά μόνο τα εκδοτικά στοιχεία, για αυτό το γράφουμε με όρθια γράμματα.

Π.χ.: Απ. Β. Δασκαλάκη, *Ο Ελληνισμός*, ό.π., σελ. 5.

Όλα αυτά όμως ενδέχεται να προκαλούν σύγχυση ή κόπωση στον αναγνώστη που θα είναι αναγκασμένος επιστρέφει πολλές σελίδες πίσω για να βρει σε τι αναφέρεται η συντομογραφικά διατυπωμένη παραπομπή. Συνυπολογίζοντας ότι μπορεί να διολισθήσουμε και εμείς σε κάποιο ατόπημα, είναι προτιμότερο να επαναλαμβάνουμε μαζί με το όνομα του συγγραφέα και μια χαρακτηριστική λέξη από τον τίτλο του έργου, αν δεν είμαστε απόλυτα σίγουροι ότι μπορούμε να χειριστούμε άψογα το ό.π..

Π.χ.: Απ. Β. Δασκαλάκη, *Ο Ελληνισμός...*, ό.π., σελ. 5.

Με τον απλό αυτό τρόπο αφενός εργαζόμαστε σωστά και αφετέρου αποφεύγουμε τις κλασικές λατινικές συντομογραφίες (*idem* = ο αυτός, *ibid* ή *ibidem* = στο ίδιο έργο και στην ίδια σελίδα, *op. cit.* ή *opus citatum* = έργο που αναφέρθηκε, *cf.* = αναφέρεται από τον) ή τις παλαιές αποδόσεις τους στην καθαρεύουσα (*αυτόθι* = στο ίδιο έργο, έ.α. ή ένθ. αν. = ένθα ανωτέρω, στο παραπάνω έργο, *μνημ. έργον* = μνημονευθέν έργον, έργο που αναφέρθηκε).

Οδηγός συγγραφής

Όταν θέλουμε να στείλουμε τον αναγνώστη να βρει αλλού π.χ. περισσότερες λεπτομέρειες για ένα θέμα, τότε πριν από την παραπομπή βάζουμε το: βλ. = βλέπε.

Π.χ.: Ειδικότερα για την εξουσία του αυτοκράτορα στο Βυζάντιο, βλ. Ιω. Καραγιαννόπουλου, *Η πολιτική θεωρία των Βυζαντινών*, Θεσσαλονίκη 1988, σελ. 57.

Όταν δεν παραθέτουμε κατά λέξη την άποψη ενός συγγραφέα, αλλά απλώς αποδίδουμε τα γραφόμενα ή όταν θέλουμε να στείλουμε τον αναγνώστη να βρει και αλλού αυτό που αναφέρουμε και εμείς για ένα θέμα, ή όταν θέλουμε να παρουσιάσουμε συνοπτικά κάποιες απόψεις άλλων συγγραφέων, τότε πριν από την παραπομπή βάζουμε το: πβ. ή πρβλ. = παράβαλε, δες επίσης, σύγκρινε.

Π.χ.: Πρβλ. Ιω. Καραγιαννόπουλου, *Η πολιτική θεωρία των Βυζαντινών*, Θεσσαλονίκη 1988, σελ. 57.

Επίλογος

Στο πρώτο μέρος του *οδηγού* ασχοληθήκαμε με την πορεία που μπορεί να ακολουθήσει κάποιος μεταπτυχιακός φοιτητής και επίδοξος ερευνητής προκειμένου να συγγράψει μια επιστημονική εργασία. Εξετάσαμε ένα–ένα τα βήματα που μπορεί να κάνει από την αρχή μέχρι την ολοκλήρωσή της. Εκθέσαμε το κάθε βήμα ξεχωριστά, επισημάναμε τους κινδύνους που ελλοχεύουν και επιχειρήσαμε να δώσουμε ορισμένες κατευθυντήριες γραμμές ώστε να μην χάσει κανείς τον προσανατολισμό του. Παρουσιάσαμε συγκεκριμένες προτάσεις και χρησιμοποιήσαμε παραδείγματα, ώστε να διευκολύνουμε το έργο του άπειρου ή του σχετικά άπειρου ερευνητή.

Στο δεύτερο μέρος εξηγήσαμε τι είναι οι υποσημειώσεις και οι βιβλιογραφικές παραπομπές και αναφερθήκαμε στη σημασία τους και στο περιεχόμενό τους. Επιδιώξαμε να καταστήσουμε σαφείς τους λόγους για τους οποίους κρίνονται αυτές χρήσιμες και απαραίτητες σε μια επιστημονική εργασία και προσδιορίσαμε τη θέση τους μέσα στην εργασία. Προσπαθήσαμε να δώσουμε κάποια γενικά κριτήρια για τη σύνταξή τους. Αποπειραθήκαμε να καταδείξουμε πώς πρέπει να τις χειριστεί κανείς, για να αποφύγει ενδεχόμενα λάθη και τονίσαμε πώς οι ανακρίβειες φανερώνουν προχειρότητα και μειωμένο αίσθημα ευθύνης.

Στο τρίτο και τελευταίο μέρος διαπραγματευθήκαμε ζητήματα επιστημονικής τεχνογραφίας. Εξηγήσαμε ότι δεν πρέπει να αναγράφουμε απλά και τυχαία τα έργα που παραθέτουμε, διότι κάτι τέτοιο δεν αποτελεί επιστημονικό τρόπο εργασίας. Υπογραμμίσαμε ότι δείχνει χαμηλό επίπεδο επιστημονικής κατάρτισης και υπευθυνότητας και έλλειψη σοβαρότητας του έργου μας, ενώ κουράζει αφάνταστα τον αναγνώστη. Τέλος, φιλοδοξώντας να είμαστε χρηστικοί, διαχωρίσαμε και απομονώσαμε τις κυριότερες και συνηθέστερες περιπτώσεις προέλευσης υλικού και παρουσιάσαμε έναν τρόπο παράθεσης βιβλιογραφικών παραπομπών τηρώντας τους βασικούς κανόνες και προτείνοντας, όπου ήταν δυνατόν, διάφορες εναλλακτικές λύσεις, τονίζοντας παράλληλα πως αυτός ο τρόπος δεν είναι ο μοναδικός ενώ με τη συνεχή χρήση παραδειγμάτων επιδιώξαμε να καταστήσουμε σαφέστερες τις προτάσεις μας.

Σαφώς, δεν εξαντλήσαμε όλα όσα θα μπορούσαν ίσως να ειπωθούν και δεν περιλάβαμε πολύ ιδιάζουσες περιπτώσεις, όμως κάτι τέτοιο δεν ήταν στις προθέσεις μας. Η προσπάθειά μας στόχευσε στη δημιουργία ενός συνοπτικού και συγχρόνως κατατοπιστικού οδηγού, ο οποίος θα απαντά στα περισσότερα και στα κυριότερα «πώς» του μεταπτυχιακού φοιτητή και θα αποτελεί ένα χρηστικό εργαλείο για τη συγγραφή της διπλωματικής του ή της διδακτορικής διατριβής του.

Βιβλιογραφία

Dunleavy Patrick, *Η Διδακτορική Διατριβή: Οργάνωση, Σχεδιασμός, Συγγραφή, Ολοκλήρωση*, μτφρ. Νίκος Ηλιάδης, επιμ. Αλεξάνδρα Μακροπούλου, (Αθήνα): Πλέθρον (2006).

Eco Umberto, *Πώς γίνεται μια διπλωματική εργασία*, μτφρ. Μαριάννα Κονδύλη, Αθήνα: Εκδόσεις νήσος 1994 (α΄ έκδ. πρωτοτύπου Μιλάνο 1977).

Ζήσης Θεόδωρος Ν., *Επιστημονική Τεχνογραφία: Πώς γράφεται μία επιστημονική εργασία*, Θεσσαλονίκη: Εκδόσεις Βρυέννιος 1997.

Ζούμας Ευάγγελος Δ., *Έτσι δουλεύουμε επιστημονικά*, [Επιστημονική Τεχνογραφία 1], Θεσσαλονίκη: Εκδόσεις Π. Πουρναρά 1995.

Θεοφιλίδης Χρήστος, *Η συγγραφή επιστημονικής εργασίας: Από τη Θεωρία στην Πράξη*, Αθήνα: Εκδόσεις Γ. Δαρδανός 2002.

Jardel-Σουφλερού Christiane, Ευάγγελος Ηρ. Σουφλερός, *Ο επιστημονικός λόγος: Γραπτός και Προφορικός*, (Θεσσαλονίκη: Τυπογραφία Παπαγεωργίου 2000).

Καραγιαννόπουλος Ιωάννης, *Εισαγωγή στην τεχνική της επιστημονικής ιστορικής εργασίας*, Θεσσαλονίκη: Εκδόσεις Βάνιας 1993.

Κεκές Ιωάννης Ι., *Μεθοδολογία επιστημονικής εργασίας: Αξιοποίηση του Σωκρατικού διαλόγου: Χρήση πηγών από το διαδίκτυο*, Αθήνα: Εκδόσεις Εκπαιδευτικών «Ατραπός» 2004.

Μητροπούλου Βασιλική, *Υποδείγματα συγγραφής Εργασιών και Βιβλιογραφίας*, Θεσσαλονίκη: Μέθεξις 2009.

Μπέλλας Θρασύβουλος, *Δομή και γραφή της επιστημονικής εργασίας: Με βάση την εμπειρική παιδαγωγική έρευνα*, Αθήνα: Ελληνικά Γράμματα 1998.

Πολίτης Αλέξης, *Υποσημειώσεις και Παραπομπές*, [Συμβολές στις Επιστήμες του Ανθρώπου], Ηράκλειο: Πανεπιστημιακές Εκδόσεις Κρήτης 2008.

www.ingramcontent.com/pod-product-compliance
Lightning Source LLC
Chambersburg PA
CBHW071121160426
43196CB00013B/2657